麦肯锡学院

麦肯锡意识

提升解决问题的能力

THE McKINSEY MIND

Understanding and Implementing the Problem-Solving Tools and Management Techniques of the World's Top Strategic Consulting Firm

［美］艾森·拉塞尔 保罗·弗里嘉 著 龚华燕 译
Ethan M. Rasiel Paul N. Friga

机械工业出版社
China Machine Press

图书在版编目（CIP）数据

麦肯锡意识：提升解决问题的能力 /（美）艾森·拉塞尔（Ethan M. Rasiel），（美）保罗·弗里嘉（Paul N. Friga）著；龚华燕译．—北京：机械工业出版社，2020.7（2024.6 重印）

（麦肯锡学院）

书名原文：The McKinsey Mind: Understanding and Implementing the Problem-Solving Tools and Management Techniques of the World's Top Strategic Consulting Firm

ISBN 978-7-111-65767-5

I. 麦…　II. ① 艾…　② 保…　③ 龚…　III. 企业管理　IV. F272

中国版本图书馆 CIP 数据核字（2020）第 094139 号

北京市版权局著作权合同登记　图字：01-2009-7313 号。

Ethan M. Rasiel, Paul N. Friga. The McKinsey Mind: Understanding and Implementing the Problem-Solving Tools and Management Techniques of the World's Top Strategic Consulting Firm.

ISBN 0-07-137429-9

麦肯锡意识：提升解决问题的能力

出版发行：机械工业出版社（北京市西城区百万庄大街 22 号　邮政编码：100037）
责任编辑：闫广文
责任校对：李秋荣
印　　刷：北京联兴盛业印刷股份有限公司
版　　次：2024 年 6 月第 1 版第 12 次印刷
开　　本：130mm × 185mm　1/32
印　　张：10.25
书　　号：ISBN 978-7-111-65767-5
定　　价：59.00 元

客服电话：（010）88361066　68326294

总序一

麦肯锡并不神秘，方法论铸就神奇

摆在你面前的这三本以麦肯锡命名的书——《麦肯锡方法》《麦肯锡意识》《麦肯锡工具》，绝对谈不上是名著，两位作者也不是什么大牛，它们在美国一再出版并极受欢迎，在我看来，既是因为书名中包含着世界顶级管理咨询品牌“麦肯锡”，也是因为三本书都紧扣“解决问题”这个在职场或者更大范围内的人生的关键焦点。作者提供给你的，不是居高临下的说教和炫耀，不是在今天的书榜上有点儿泛滥的煽情与励志，也没有打算帮助你补充什么缺失的专业知识（这些永远都补不完、学不够），而是希望你通过较为系统的学和练之后能够以某种方式“洗心革面，重新做事”，掌握这种“麦肯锡”的或者“解决问题”的有效方法论。作者的写作初衷，就是想把麦肯锡的几招“看家本事”说出来，惠及普天下。

说到看家本事，25 年来，我常常惊诧于学院里的一些师弟师妹或者学生小子，青葱年少，摇身一变就成了麦肯锡公司的大牌顾问，往来尽高管，谈笑超自信。是吃了什么灵丹妙药，还是谁点化了这些脑袋？认真想想，我找到了一条原因：也许是因为这些优秀学校毕业的年轻人，本身素质够格，一旦加入了这个强势品牌，站在了巨人的肩膀上，靠着公司积累了数十年的行业知识，并不断有成熟的合伙人或者资深经理从旁教授，说话办事靠谱起来也是应该。但是接触麦肯锡和其他领先管理咨询公司多了，我发现，除了“洗脸”（印上麦肯锡这个卓越品牌）这一过程之外，还有另外的原因同样不可小觑，甚至需要大书特书，那就是他们进去后还有重要的四洗：“洗心”“洗脑”“洗手”“洗脚”。

所谓“洗心”，说的是受到麦肯锡文化的熏陶，对于专业服务和帮助企业的理解与承诺，在知其然也要知其所以然的过程中，积极地影响（改变）商业实践。关于这一点，《麦肯锡传奇》[1]一书给出了极好的诠释。从这家公司的奠基者马文·鲍尔追求完美、缔造卓越的传奇一生，我们能够更好地理解麦肯锡公司的精神实质，甚至更广义地，让所有从事专业服务的同人，都保持着一种谦卑和敬畏。《麦肯锡传奇》是我们的“麦肯锡学院”丛书之四，尽管不是我们所说的这两位作者的作品。

“洗心”费时费力，也并不是总能成功。有些人离开麦肯锡，是因为始终不能脱胎换骨似的被这样一种很强势的文化所命中，以其作为自己的信仰。难说好坏，不适便是。但是，离开麦肯锡的人，甚至那些成为大公司掌舵者、拯救者（这种说法显然太夸大个体英雄主义了，此处只是从俗）的麦肯锡校友，除了麦肯锡精神、文化和价值观对他们的影响让他们与众不同之外，还有很重要的一条，便是他们的工作方式、运作方式、合作方式，甚至生活中的劳作方式、动作方式，都被他们曾经服务过的这家公司“定型”（Shape）过了。而这个“定型”过程，靠的是洗脑、洗手、洗脚，改变的则是意识、

[1] 本书已由机械工业出版社出版。

方法和工具。

所谓“洗脑”，即《麦肯锡意识》，讲的是怎样从思维方式上，真正成为一个团队合作的、面向对象（也许是客户）的、强调改善与结果的问题解决者。而“洗手”——《麦肯锡方法》，实际上是这三本书中最先问世并一炮打响的畅销书，强调的是一些不管在什么工作环境下，都可以更有效解决问题的技巧性很强的工作方式、小窍门，不过小窍门却能派上大用场。最后说说“洗脚”——《麦肯锡工具》，这一本想从更有研究和证据的角度，把这些方法、打法、套路上升为方法论、工具箱、武器库，是对那些更尊重逻辑、寻求道理的学习者和阅读者的深入满足。这“三洗”，骨子里高度一致，就是要你变得“训练有素、行动得法”。这三本书兜售、传播的到底是什么？通俗一些说，我们平时喜欢夸别人说话办事“靠谱”“上道”“挺是那么回事儿”，这三本书就是“靠谱”的“谱”、“上道”的“道”和“挺是那么回事儿”的“那么回事儿”。呵呵，所以，认真学习和掌握了这些，你就能成为一个总是被上述赞誉围绕的人，即使你不是也不打算成为一个咨询顾问，即使你只是个热衷于学习管理的蓝领师傅或者掌权主妇。

所以，麦肯锡或者很多其他的大公司在面试新人时，并不特别着眼于已有的知识积累（背书考试的成果），更看中的是面试者所表现出的意识、方法和工具（尽管朴拙）在本质上是否符合这样一套规范的、以批判性思考和创造性思考为基础的、逻辑自洽且行之有效的系统要求，或者有没有相应的素质能够修炼并掌握这样一套方法论！尽管一切都能学，都不晚，但是掌握这些本领，你确实还有一个很大的敌人：你自己，过去的你，你过去的思维方式、工作方式和其他的习惯。在我看来，这套方法论中，重视"渔"超过"鱼"，重视"学会学习"而不是"知识学习"，重视"严密假设、小心求证"而不是"天马行空拍脑袋"，重视"团队一体"而不是"我的地盘我做主"。你也许不喜欢这套方法论，觉得束缚而不够舒服，觉得啰唆而不够痛快，那只能说明它们不是说给你听、写给你用的，但是许多年的实践证明，这套法子很灵。

千万不要误解，认为只有将来要从事咨询工作的人才有必要阅读和学习。在今天，许多学校开始考虑改革传统的 MBA 教学过程，增加更多的软技能和整合实践学习。我认为这三本书有很好的读者群体：入学导向周里的 MBA 学生、整合实践学习和软技能培训（包括沟通、思维、团队训练）中的 MBA 学生。各学院很想较为系统地做些“双基”训练，帮学生养成一些对未来 MBA 学习和管理生涯长期有用的思维和行动习惯，从这个意义上看，这几本书是蛮适合做训练导引和参考手册的。这三本书不需要都仔细读（必须承认，三本书中有不少重叠冗余之处，也有一些过于理论的部分会让看重“拿来用”的学习者读得很累），你可以看看风格，读两页后判断一下哪本书更适合你：是更理论些的，还是更实操些的，还是二者得兼。如果老师愿意选取书中的一些片段直接指点给学生，当然会省事，但是要小心，要尊重它的整体性。

熟悉咨询行业的读者一定会发现，正如咨询顾问讲事儿时的习惯一样，这几本书逻辑性强，但有点儿

“干”。很多读者第一遍读，难免会感觉有点儿“云里雾里”，迷失在概念丛林中，但只要你耐着性子看，过了那道坎儿，就是跟你过去自由自在干活儿相比要开始“事事儿”起来的那道坎儿，这套说法和做法往往就会深得你心了。当然，这也反映出你的个人价值观与麦肯锡文化的契合度，因为每个做法的背后，是“崇尚理性、讲究服务、持续提高”的文化。不舒服，请坚持再试；吐之前，别轻易放弃。总之，你得有点儿执着，才能享受这顿盛宴。

最不该读这些书的人，大概就是麦肯锡公司的顾问了。他们大都会觉得这些书有些小儿科，写书的人有点儿拿麦肯锡做招牌，以及这些东西还算不上绝学，等等。嗯，大体上同意。好在这些书确实不是给在麦肯锡工作以及想去麦肯锡工作的人写的，他们该追求的是“手中无剑，心中有剑”的境界。而这些书的大部分目标读者，都是先要手上拿起这么一把趁手的“家伙”披荆斩棘，壮壮声势的。相比之下，市面上那些所谓的战略、整合、重组之类的《武穆遗书》般的兵法奇著，年轻的管理学习者最好还是敬而远之。咱们需要把军体拳和太极剑先练熟——明天就贯通任督二脉纯属做梦，咱们必须得从入门的一招一式练起。套用一句 2008 年后流行起来的新俗话，叫作回归基本（Back to Basic）。说得多好，不是初级，而是基本——最简单的三板斧，往往在关键时刻救命，这才是最高级的功夫！

也许有一天，作为这几本书受益者的你，历练多年，无论言谈与逻辑的缜密，还是选择与决策的严谨，居然会被人讥笑："大哥（或美女），咱别这么麦肯锡好不好！"呵呵，也许正说明你作为一个麦肯锡的门外汉，经过了这难得的"麦肯锡学院"的修炼，掌握了麦式基本功几许。别骄傲，还不够。除了锻炼方法，还要淬炼心法。书的作者在前两本书（即《麦肯锡方法》《麦肯锡工具》）里特别爱举一位"麦肯锡校友"、曾任安然公司 CEO 的斯基林做正面案例——安然的崛起和坠落他都有重要干系。这绝不意味着这几本书错了，而是需要你洞察其局限。剑法高超者，却因着害人与救人的分别，成就了"恶"与"侠"。华山派出了岳不群，并非功夫本身的错，而是要参透“功夫只是功夫，功夫仍是功夫”的辩证玄机。

我之所以想给这么几本书做推荐，并不是冲着麦肯锡的名头。相反地，倒是书中处处流露出的“麦肯锡并不神秘，方法论铸就传奇”的平易色彩打动了我。因为麦肯锡三个字而买下这些书的你，一定要明白方法论才值得你花那些银子。看完后，千万别迷信麦肯锡：路子对了，你也行。

杨斌　博士

清华大学经济管理学院领导力研究中心主任

总序二

麦肯锡商学院重装上阵、致敬经典

十年前，“麦肯锡学院”丛书陆续面世。十年来，《麦肯锡方法》《麦肯锡意识》《麦肯锡工具》和《麦肯锡传奇》这四本书加印三十余次，读者甚众。

埃隆·马斯克大谈“第一性原理”的时候，众人四处求索，这是什么神奇法门？蓦然回首，《麦肯锡方法》《麦肯锡意识》其实就是第一性原理的解题方法。

企业创新，言必称“敏捷组织”“敏捷方法”。定睛一瞧，《麦肯锡工具》与敏捷团队的工作手册高度一致，尤其适用于软件开发、产品开发以外的敏捷应用场景。

业界的共识基本形成：伟大的企业一定是由使命和价值观驱动的，而非单纯追逐利润。而且，越来越多的中国企业从“合伙人”这个古老的制度安排中寻找企业价值观塑造和传承的密码。作为专业服务领域合伙制企业的创业史诗,《麦肯锡传奇》充满了人性的光辉和尘封的细节。

在2020年这个大时代节点,再版“麦肯锡学院”丛书,幸甚至哉!

除了解题方法论这样的“硬核”技能之外,本次的新版丛书也增加了《麦肯锡领导力》这个“软核”话题。这本书是两位麦肯锡现任合伙人的新作——摒弃时髦的喧嚣,萃取经过时间考验的组织领导力十项原则。

当我们向经典致敬时,麦肯锡的同事们意识到,想要解决高度不确定的现实问题,或切实提升领导力,仅仅阅读书本毕竟有很大的局限性。因此,在过去几年中,我们投入了巨大的热情和精力,把这些方法和工具开发成学习课程,并以此为基础组建了麦肯锡商学院。这些麦肯锡商学院的训练课程,主要通过线上学习,践行个性化学习、游戏化互动、量化测评认证的原则。麦肯锡商学院与经典书籍相互辉映,用最新的科技和近百年沉淀下的实践智慧,为中国的人才赋能!

张海濛
麦肯锡全球资深合伙人
亚太区组织领导力咨询负责人

目　录

在自我管理方面，并没有什么“最佳实践”，我们的经验也许有助于你的事业更上一层楼，有助于你平衡工作与家庭。生活本身是丰富多彩的，在工作之余拥有丰富的生活，将会让你受益匪浅。

致谢

首先，我谨感谢合著者保罗·弗里嘉。本书详细讨论了团队工作的优点，我们的合作便是成功的团队工作的最好例证。他推动我改变思维方式，鼓励我进行富有成效的思考；我坚信，他也会给我同样的评价。

——艾森·拉塞尔

毫无疑问，我首先要感谢合著者艾森·拉塞尔。首先，他在已经独立完成第一本书《麦肯锡方法》并取得巨大成功之后，仍盛情邀请我参加本书的撰写。其次，他给予我令人不可思议的见解、热情和指导。最后，他教会了我如何持之以恒、无私奉献，如何进行阐述。

——保罗·弗里嘉

我们要感谢众多人士，没有他们，本书就不可能付梓。首先，感谢我们的代理人，James Levine Communications, Inc. 的丹尼尔·格林伯格（Daniel Greenberg），感谢编辑玛丽·格伦（Mary Glenn）和凯瑟琳·亨克贝因（Katherine Hinkebein），以及出版本书的整个麦格劳－希尔出版社团队。

在本书撰写初期，乔·伯顿（Joe Burton）、西蒙·卡尔内（Simmon Carne）、杰瑞·弗里嘉（Jerry Friga）、埃德·普林格尔（Ed Pringle）及保罗·桑森（Paul Sansone）提出了富有见地的建议。我们的助手琳赛·凯奇（Lindsay Cage）、丽贝卡·琼斯（Ribecca Jones），尤其是卡伦·詹森（Karen Jansen），提供了宝贵的支持，帮助我们整理调查问卷、分析观点、管理材料。北卡罗来纳大学克南－弗拉格勒商学院的戴维·恩斯特豪森（David Ernsthausen）为本书的知识管理章节提供了专业支持，同样来自该大学的佩吉·毕卡德（Peggy Pickard），则为我们频繁举行会议与展开探讨提供了便利。

最重要的是，要感谢所有接受我们采访或答复我们调查问卷的麦肯锡校友。他们是：吉姆·班尼特（Jim Bennentt）、奥姆威尔·克伦肖（Omowale Crenshaw）、迪恩·多尔曼（Dean Dorman）、纳拉斯·伊查姆巴蒂（Naras Eechambadi）、鲍勃·加尔达（Bob Garda）、埃文·格罗斯曼（Evan Grossman）、埃里克·哈茨（Eric Hartz）、保罗·肯尼（Paul Kenny）、史蒂维·麦克尼尔（Stevie McNeal）、西尔维娅·马修斯（Sylvia Matthews）、比尔·罗斯（Bill Ross）、拉里·鲁维拉斯（Larry Rouvelas）、杰夫·坂口（Jeff Sakaguchi）、丹·韦托（Dan Veto）、史蒂夫·安德森（Steve Anderson）、阿兰·巴拉斯基（Alan Barasky）、玛撒·布鲁（Martha Blue）、罗杰·布瓦斯韦特（Roger Boisvert）、弗朗西斯卡·布洛克特（Francesca Brockett）、鲍勃·布克斯鲍姆（Bob Buchsbaum）、查拉·伯纳姆（Ciara Burnham）、尼尔·克罗克（S. Neil Crocker）、多米尼克·法尔科维斯基（Dominic Falkowski）、布拉德·法尔科维斯基（Brad Falkowski）、希亚姆·吉里德拉达

斯（Shyam Giridharadas）、芭芭拉·古斯（Barbara Goose）、弗朗西斯科·格里洛（Francesco Grillo）、雷吉·格罗夫斯（Reggie Groves）、弗雷德·金德勒（Fred Kindle）、德博拉·克纳凯（Deborah Knuckey）、海纳·科珀曼（Heiner Kopperman）、库尔特·利伯曼（Kurt Lieberman）、李·纽曼（Lee Newman）、利娅·尼德斯塔特（Leah Niederstadt）、罗恩·奥汉雷（Ron O'Hanley）、雷纳·西格尔考（Rainer Siggelkow）、查科·桑尼（Chacko Sonny）和吉姆·惠兰（Jim Whelan），以及各位不愿透露姓名的校友们。没有他们，本书不可能成文。

前　言

关于本书

1999 年 2 月，管理咨询巨头麦肯锡公司前咨询顾问艾森·拉塞尔所著的《麦肯锡方法》出版。此书不乏幽默地将麦肯锡校友的逸闻趣事与作者本人的回忆相结合，阐述了麦肯锡咨询顾问用以帮助客户提高效率、增加效益的各种技术。《麦肯锡方法》一书，还生动地描绘了在公众面前“犹抱琵琶半遮面”的麦肯锡公司不为人知的画面。

《麦肯锡意识》是对《麦肯锡方法》的拾遗补阙。《麦肯锡方法》主要是以一个典型的项目（麦肯锡称为 engagement）为背景，阐述麦肯锡的咨询方法。它从获得项目开始，一步步推进到麦肯锡解决方案的实施。

该书还简要讨论了麦肯锡咨询顾问处理棘手商业问题的思路。

当然,《麦肯锡方法》更多是在描述，而非指导。《麦肯锡意识》则反其道而行之。《麦肯锡方法》一书谈及的是麦肯锡做什么,《麦肯锡意识》一书则介绍如何在自己的职业发展和组织运作中运用麦肯锡的各种技术。为此，我们依靠《麦肯锡方法》中的知识，但角度有所不同，这在后面将予以解释。不过此刻，希望你放心，如果你没有读过《麦肯锡方法》一书，同样能够理解本书，从中受益。[⊖]实际上，在本书每节的开头，我们都总结了《麦肯锡方法》中的相关经验，并在附录 B 中逐条列出。

任何人均可运用《麦肯锡方法》(和《麦肯锡意识》)中阐述的解决问题的技术和管理技术，你不一定非得是(或曾经是)该公司的员工。我们还承认，麦肯锡的确与众不同，它的咨询顾问所能调动的资源，在其他公司中

⊖ 如果你读完本书，决定购买《麦肯锡方法》，本书作者，尤其是艾森·拉塞尔，将会非常高兴。

甚至是高管也无法使用。它采用平行组织结构，允许初级顾问做出决策和表达意见，这种方式在等级森严的工作场所，简直是不可能的。而在与客户共事期间，该公司顾问获取资源与行动的自由，连大多数公司的高管也望尘莫及。考虑到这些，我们认识到，要继《麦肯锡方法》之后写出《麦肯锡意识》，我们必须对它有所调整，以适应并不享有麦肯锡独特优势的组织之需。

幸运的是，要得到这方面的启发，我们不必舍近求远。众多麦肯锡校友在离开公司后，在新的工作中成功运用了麦肯锡的技术与策略。在为撰写本书所进行的考察期间，有超过 75 位麦肯锡校友接受了我们的访谈或回答了我们的调查问卷。离开麦肯锡后，他们有的成为企业家、CEO，有的成为政府高层决策者，遍布世界各地的商界和政界。如果说有人能告诉我们，在麦肯锡之外，什么行得通，什么行不通，那就是他们，而且他们的确也这样做了。

在本书中，我们介绍的解决问题流程和决策程序，以麦肯锡取得巨大成功的方法为基础，同时又依照麦肯锡校友后来职业生涯中的经验，根据“现实世界”进行了调整，我们相信，这些流程和程序得到了进一步加强。你还会学到在自己的工作中实施这些流程和程序所需的管理技术，以及能帮助你在组织内交流观点的汇报策略。

关于麦肯锡

如果你不熟悉麦肯锡公司，请允许我们稍做介绍。它创立于 1926 年，已成为全球最成功的战略咨询公司。截至本书完稿之际，麦肯锡在世界各地拥有 84 个办公室（且在不断增加中），旗下约 7000 名专业人士来自 89 个国家。它也许并不是世界上最大的战略咨询公司，因为有些大型会计师事务所的业务比它更加庞大，但它肯定是最负盛名的公司。麦肯锡的咨询客户有 1000 多家，既包括全球最大的 150 家公司中的 100 家，也有美国联邦机构和多个州机构及外国政府。麦肯锡，堪称国际商界的名牌。

麦肯锡有数位资深合伙人已经成为国际知名人物。洛厄尔・布赖恩（Lowell Bryan）曾在美国信贷危机期间出任参议院银行委员会顾问；乔恩·卡曾巴赫（Jon Katzenbach）关于管理高效团队的著作，出现在全球各地 CEO 的书架上。而更加引人注目的，则是一些麦肯锡校友在世界各地走上了高级职位，仅举三例：汤姆·彼得斯（Tom Peters），管理泰斗，《追求卓越》（*In Search of the Excellence*）一书作者之一；郭士纳（Lou Gerstner），IBM 公司 CEO；杰夫·斯基林（Jeff Skilling），安然公司 CEO。

为了保持其卓越的地位（以及赚取高额的咨询费用），公司每年物色商学院毕业的高才生，用高薪、在绩效体系中迅速升职的前景以及与商界精英共事的机会吸引他们。与此同时，公司要求职员全心全意为客户服务，服从繁重的工作安排，可能会数周甚至数月抛家舍子，同时，还要求职员的工作必须出类拔萃。符合麦肯锡要求的人可能会迅速晋升。而那些不符合的员工，将很快发现自己在公司严格的“不升职就离职”的政策中，被排在了末位。

与任何其他强大的组织一样，麦肯锡有着浓厚的公司文化，员工拥有相同的价值观和共同的职业体验。每一名“麦肯锡人”都要经历同样的严格培训，都曾经在办公室熬夜苦干。对于局外人来说，公司可能显得缺乏个性，令人生畏。最近一本关于管理咨询的书便将麦肯锡比作耶稣会。

公司还有一套自己的都是英文字母缩写的术语，如 EM、ED、DCS、ITP、ELT 和 BPR 等。麦肯锡人还把自己的任务或项目称为“engagement”。在项目中，麦肯锡团队会在追求“增值”的过程中寻找“关键驱动因素”。和一般术语一样，这些缩写大多数仅仅是简称，不过其中有一些一旦得到解读，对不在麦肯锡的商界人士来说，同样有用。

关于解决问题流程

本书的基础是麦肯锡所实践的解决问题流程。麦肯锡针对客户的战略问题提出最精练的解决方案，并在可能的情况下，帮助客户实施这些解决方案。图 0-1 便是我们解决问题的理论模型，它将这个流程分解成六个具体的内容。在《麦肯锡意识》一书中，我们将侧重探讨此模型的分析、汇报和管理部分。

- **客户需求**——没有问题，或者更广泛地说，没有客户的需求，你就不可能去解决问题。在商界，这些需求的形式有几种：竞争需求、组织需求、财务需求和运作需求。

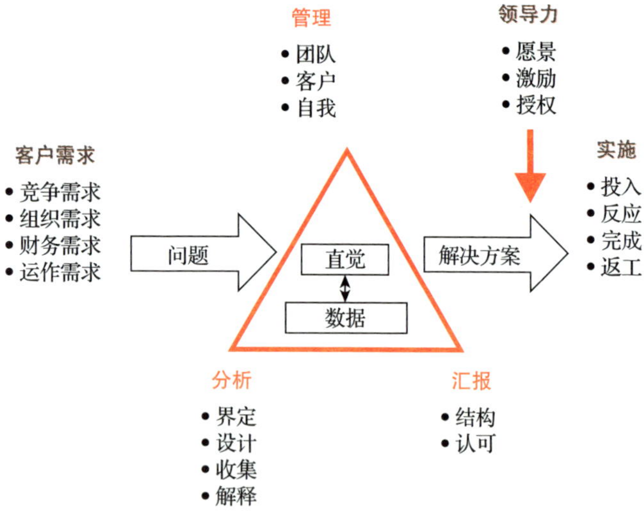

图 0-1　解决问题的战略模型

- **分析**——一旦你的组织明确了问题，就可以着手寻找解决方案，无论是依靠自己还是由麦肯锡（或任何其他外部机构）协助。麦肯锡以事实为基础、以假设为导向的解决问题流程，始于问题的界定，即界定问题的范围，并将问题细分成不同的内容，使解决问题的团队能够提出初步假设的解决方案。下一步便是设计分析，即确定证实假设必须开展哪些分析。随后，便是收集分析所需的数据。最后，则是解释这些分析的结果，考察这些结果是证实还是证伪初始假设，并向客户提供一套行动方案建议。

- **汇报**——你也许找到了解决方案，但是，在与客户沟通并得到客户认可之前，该解决方案并没有价值。为此，必须系统地安排你的汇报，从而能够清晰而准确地表达自己的观点，让每一名受众认可你所汇报的解决方案。
- **管理**——成功地解决问题，需要几个层面的良好管理。解决问题的团队必须合理组合，动机鲜明，适当培养。解决问题的流程及方案，客户都必须随时了解、参与，并得到启发。团队成员（也就是你）必须维持生活和工作的平衡，从而既满足客户和团队的要求，又不被“拖垮”。

- **实施**——你的解决方案也许已被接受，但是，还必须得到实施才行。这就需要组织内投入充足的资源，对实施过程中可能出现的任何障碍做出及时的反应，集中精力完成深入实施所需的各项任务。此外，组织还必须将返工程序制度化，从而实现持续改进。这种程序要求重新评估实施情况，重新投入精力，从而落实再评估期间确定的改动。
- **领导力**——联系解决方案与实施的能力，便是领导力。组织的掌舵人，必须制定出组织的战略愿景。他们还必须为组织内亲自实施的人提供激励。最后，在领导整个组织的实施过程中，他们还必须对如何授权做出正确判断。

这一模型还有另一方面的内容，即直觉与数据之间的关系。问题并不是在真空中解决的。即使在麦肯锡，投入到一个问题的资源也只有那么多，时间也有限。在倡导以事实为基础的麦肯锡式解决问题的方式时，我们认识到，实际上，不可能在做出决策前掌握所有相关事实。因此，大多数高管都是同时根据事实和直觉来做出商业决策，而直觉则是在经验中磨砺出来的。我们将在本书后文分别讨论事实与直觉的优势和劣势。现在，只告诉你，我们认为，合理的决策需要两者的平衡。

如前文所述，《麦肯锡意识》一书将侧重于咨询过程的中心三角区：分析、汇报和管理，而正是这些构成了麦肯锡咨询团队的日常工作。在第1章至第4章，我们将讨论麦肯锡以事实为基础、以假设为导向的解决问题流程，告诉你如何利用这种流程来处理自己面临的复杂问题。在第5章，我们将向你介绍汇报策略，使你能够让自己的观点产生最大的效果，不管你的受众是老板、董事会还是整个公司。最后，在第6章至第8章，我们将介绍确保顺利解决问题所需的各种管理技能。客户需求、领导力和实施等方面本书并未涉及，今后，也许将在另一本书中讨论这些主题。

本书各章均采用相同的总体结构。每章都分为两三个小节（第 2 章除外），首先都是简要讨论相关主题，然后综述《麦肯锡方法》一书中的有关经验。接下来讨论从麦肯锡校友那里学到的新经验，并阐述如何成功实施，然后，提出在你自己的组织中实施这些经验的建议。每一节末尾都有练习，帮助你解读和实践该节介绍的经验。

由于本书以整个解决问题流程为主线，我们建议你也这样阅读本书，至少第一遍阅读时要这样。前文已述，《麦肯锡意识》的每一章多多少少独立成篇，你可以轻松地将本书作为自己最感兴趣或最关心的主题的参考书。如果你没有时间或缺乏耐心从头读到尾，我们建议你至少先读完第 1 章，因为其他章节常常提及该章所介绍的概念。无论你决定如何阅读，我们都希望《麦肯锡意识》一书能帮助你更好地解决问题，更正确地进行决策。

一些术语

本书中，我们使用了一些不是一望而知的术语。为了避免模糊，在这里简要阐述一下其中最重要的几个术语。

- **客户**：在麦肯锡式咨询中，客户的含义是显而易见的，即出现问题需要你去解决的组织。本书中，我们拓宽了这一术语的范畴，包括你为其解决问题的任何对象，无论是内部还是外部人员。因而，如果你在某家大型企业工作，你的公司或部门便是你的客户；如果你是一名企业家，你的客户便是你自己和你的顾客。
- **麦肯锡人**：关于麦肯锡的员工，我们不知道是否有什么公认的称呼。在各种称呼（其中一些不敢恭维）中，《麦肯锡方法》一书偏好的是“麦肯锡人”，我们仍沿用这种称呼。
- **麦肯锡校友**：麦肯锡使用这个术语来指代其前雇员（截至本书完稿之际，已经超过1万人），无论其离职方式如何。这比其他说法（“原来的麦肯锡人”或“前麦肯锡人”）要清晰得多，因而，我们也采用这种称呼。
- **公司**：麦肯锡人以“公司”来称呼自己的雇主，美国某个不愿意公开的政府机构也被职员称为

"公司"。麦肯锡校友在谈论自己以前的雇主时，仍使用这种称呼。由于我们本身曾经在麦肯锡效力，因而也是这样称呼的。

关于保密

注重保密，是麦肯锡最重要的优点之一。公司严格保守秘密。我们和其他所有麦肯锡校友一样，都曾承诺绝不透露有关公司或客户的秘密信息，即使在离开麦肯锡后也要遵守。我们不打算违背这个诺言。此外，在为写本书所进行的调查期间，以及与几十位麦肯锡校友对话和通信期间，不可避免地会有人告诉我们一些情况，但不希望透露信息来源。因而，本书中提及的许多公司名和人名都采用了化名。

我们相信，接下来的内容，将为你解决问题和沟通观点提供强有力的方法，让你和你的组织受益。我们希望，读完本书，你会相信这一点。现在，让我们一起走进《麦肯锡意识》吧！

·第 1 章·

界定问题

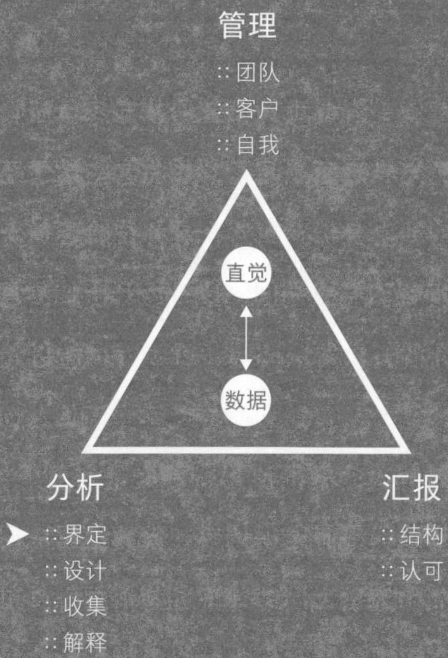

作为麦肯锡咨询顾问，必须掌握一项核心技能，那就是：有能力界定商业问题，并使这些问题经得起以事实为基础的严密分析。此外，这种技能还是衡量你能否成为“麦肯锡人”的标志：如果不能用系统化的、以假设为导向的方法解决问题，就不大可能迈入麦肯锡的大门。

麦肯锡解决问题的流程，首先是利用系统化框架，以事实为基础提出假设；然后进行数据收集与分析，从而证实或证伪假设。借助假设，勾画出研究和分析的路线图，并在解决问题过程中始终予以指导，会极大加快找出解决方案的进程。在麦肯锡校友跳槽后的职业生涯中，这一流程体现出重要的价值。有鉴于此，我们将首先考察如何将这一流程运用到其他企业。

本章我们向你介绍如何在处理商业问题时运用结构框架，如何提出初始假设，从而加快决策进程。考虑到结构是麦肯锡解决问题流程的基础，因而，我们将首先予以介绍。

结　　构

尽管在阐述自己的解决问题流程时，麦肯锡公司往往提及“以事实为基础”，然而，这一流程却并非始于事实，而是始于结构。所谓结构，是指解决问题的具体框架，从广义上说，是指界定问题，并将问题进行细分。无论是哪一种，借助结构，麦肯锡咨询顾问都能够迅速把握问题的实质，进而针对可行的解决方案提出初始假设。我们的麦肯锡校友已经证明，结构的优势并非只有在麦肯锡公司才能得到发挥。有关情况，我们将在后文做介绍。

麦肯锡方法

首先，我们归纳一下麦肯锡咨询顾问利用结构框架来解决商业问题的各种途径。

对 MECE 原则运用自如。在以事实为基础解决问题的过程中，结构至关重要。对麦肯锡人而言，结构不仅仅是一种工具，更是一种生活方式。一位麦肯锡校友就将自己的经验归结为："结构、结构、结构；MECE、MECE、MECE。"MECE 读作"me see"，是"Mutually Exclusive, Collectively Exhaustive"的首字母缩写，意思是"相互独立，完全穷尽"，此乃麦肯锡思维过程的一条基本准则。在解决问题的过程中遵循 MECE 原则，就是要将问题细分为各不相同、互不重叠的子问题，同时，确保将所有相关问题考虑在内。

利用前辈经验，不要做重复劳动（第一部分）。麦肯锡公司通过大量的结构框架，在系统化解决问题的过程中积累了丰富的经验。这种经验，有助于咨询顾问在众多类似的商业案例中，迅速把握问题所在。也许，你的组织有自己的结构框架，那就应该尽量加以利用。如果没有，则应根据你的经验，为自己开发出一套解决问题的工具。

每一位客户都是独一无二的。结构框架不是魔弹。麦肯锡人知道，每一位客户都是独一无二的。简单地用相同的结构框架去处理不同企业面临的问题，你不会有多大发展。而且，当一个人离开麦肯锡后，这种教训会尤为真切。

经验和实例

麦肯锡的系统化解决问题的方式，在具体应用到其他企业时效果如何？答案是：卓有成效。通过与麦肯锡校友的讨论，我们在系统化思维的适应性与适用性方面，得出了如下结论：

- 没有结构，观点就站不住脚
- 利用结构来强化思维

我们来结合实际考察一下这些结论。

没有结构，观点就站不住脚。想想你的公司，思考一下你和同事在工作中是如何提出和表达观点的。在解决问题过程中，是否使用了前后一致的结构？或者是否至少强调了有必要保持内在的一致性和逻辑性？是否通常是随意地做出决定，而没有借助大家认可的结构，没有以事实为依据？麦肯锡人离开公司后，常常对许多公司松散的思维过程感到震惊。

对大多数人来说，这种缜密的系统化思维方式并非与生俱来，需要通过后天学习才能掌握。遗憾的是，大部分大学课程都不涉及这方面的内容，也很少有公司有条件、有意愿对员工进行这种技能培训。麦肯锡等几家战略咨询公司纯属例外。甚至，美国商界一些最负盛誉的企业，也未必重视用系统化方法解决问题。比尔·罗斯加盟 GE 运输系统集团时就曾发现：

> 面对新形势，通用电气往往能做出迅速反应。这是它的公司文化。这样的思维方式，似乎可以表述为："发现问题，彻底解决，迅速推进"。他们对此得心应手，但却极少肯花时间去调查问题，制订出一份明确的行动方案。系统化方式着实令许多人大吃一惊。我想，仅仅

让人们重视这一点，我就已经为公司创造价值了。

许多获得巨大成功的企业，甚至对自己的核心竞争力都没有进行过系统化思考。就职于美国医药巨头葛兰素史克公司的保罗·肯尼做过如下描述：

从科学的角度来说，许多研究机构更多的是在碰运气：你投资开展某项研究，可能会有一个研究方向，但随着信息的增多，这个研究方向往往就变了。目前，市面上一些最好的药品更多的是靠运气，而不是靠系统化的研发才得以问世的。所以，回头想想，就会意识到，我们本来可以重新规划临床试验，使产品更加符合市场需求。我们可以通过各种途径来提高产品价值，具体方法就是在产品规划阶段早日做出更具商业价值的营销决策，并从一开始就设计好产品的准确定位，而不是在研发过程中慢慢形成。这样的具体例子比比皆是。

如果在通用电气和葛兰素史克这样世界知名的成功企业中，都难以看到系统化思维方式，那么可以想象，采用这种方法的其他企业就更是凤毛麟角了。

更糟糕的是，某些公司的企业文化还受到了错误结构的浸染。我们仍以葛兰素史克公司为例。这种线性的思维演绎过程，已经妨碍了公司做出正确决策。

有位项目主管，想将药物用量从目前的一天两次变为一天一次。这种药品还处于研究初期，按照标准的做法，一天一次要好于一天两次，因为一天服用一次要省事些。最后，在市场导向的推动下，该项目经理打算研制一天一次剂量的药品。他提出了二元决策选项：要么投资这个项目，要么不投资。但是，他根本没有想到，可以按照麦肯锡的MECE原则，充分考虑多种切实可行的选项，穷尽所有的可能性，分别考察，予以采纳或放弃。

实际上，的确存在多种选择。比如，开始时采用一天两次用量，在度过各种开发风险期后，一旦证明疗效显著，市场前景广阔，便可转入一天一次用量的生产。二元决策，也不一定就是创造价值的最佳途径；销量的增加，也许还不足以抵消成本和风险的增加。

在思维方式不当和完全缺乏系统化思维之间，还存在巨大的增值空间，有了麦肯锡思维，就可能实现这种增值。

利用结构来强化思维。在任何地方，无论是大型企业，还是新兴公司，甚至在非营利机构和政府这样的非商业组织内，麦肯锡人都能够利用系统化思维方式，为这些组织增值。例如，在做战略决策时，就需要了解自己组织的各种实力，知道如何利用这些实力来实现绩效的最大化。吉姆 · 班尼特在担任美国科凯国际（KeyCorp）零售银行部主席期间，便是这样做的。

> 我就任零售银行部主席一职时，公司正需要扩张业务。零售银行部是集团所属的第三家公司。为了确保公司其他部门健康发展，我们必须以每年10%的速度增长。我需要确定，这一目标能否实现。当然，这取决于我们对自身优势的认识。解决这个问题的唯一办法，就是画出议题树[㊀]。画好之后，我就有了一棵MECE议题树，上面布满了许多需要用“是”或“否”来回答的问

㊀ 本章后文将讨论议题树。

题。事实证明，作为科凯国际最大业务分部的业务主管和首席战略决策者，这种方法对我来说相当有用，它确保了公司提高绩效的计划走上正轨。

我独自画好了议题树，然后展示给同事，向他们解释其中包含的总体含义。也许，人们只是把议题树理解为“咨询业务”的一小部分内容，不过，当我把它转变成可以交流的信息时，它从来都没让我失望过。

成功应用麦肯锡结构框架的案例，在大型企业中并不鲜见，通用电气公司就是一例。该公司的比尔·罗斯先生表示：

我发现，“界定问题”的最大问题是，“我们是否明确长期的发展方向？是否制定了发展战略？”很多时候，答案是“否”。我曾与一些总经理合作过，后来，我真正按照麦肯锡方法，为这些高管举办了一场讨论会，大家各抒己见，讨论公司的发展战略。如此这般，我就可以向他们传递信息，让他们了解我在麦肯锡所学到的分析框架。这些框架十分宝贵，常常激发他们闪出智慧的火花。

似乎资金充足的大型企业乃是使用这些麦肯锡技巧的理想场所，毕竟麦肯锡的大多数客户也都符合这种条件。然而令人吃惊的是，许多新兴公司，虽然资金短缺、时间紧迫、人员匮乏，却仍然卓有成效地使用了这些技巧。非洲大陆门户网站 Africa.com 便是其中一例。以下是该网站的奥姆威尔·克伦肖（Omowale Crenshaw）的发现。

我们必须调查市场，并根据具体的目标市场，即非洲裔和对非洲感兴趣的人，来确定如何开发产品，提供什么样的服务。这样，就要分析多个行业，比如非洲的葡萄酒业、家庭装修业、家具业和艺术行业等，然后，确定哪些行业在我们的目标市场内是有吸引力的。我利用在麦肯锡掌握的系统化结构框架，通过迅速了解市场规模、竞争环境、主要参与者等，明确了其中哪些市场适合我们。

思维方式系统化所创造的价值，不仅仅限于商业领域。西尔维亚·马修斯是克林顿总统办公室副主任，她的经验如下：

联邦政府面临的问题所涉及的东西，比公司评估、盈利、亏损等更抽象，因而解决起来往往要复杂一些。不过，这些技巧同样适用。1996年8月，我在负责撰写《国情咨文》（总统一般在1月份发表《国情咨文》），开初伊始便是开展我所说的“支柱项目”。它覆盖了《国情咨文》的每一个领域，将我们的所有政策实例归纳到统一的结构框架下，并用这种方式说明美国政府在下一个四年任期将努力实现哪些成果。之后，我们将它们整理成文，等待总统和副总统休完假之后给予答复。

我们将问题界定得非常清晰：问题是什么？涉及哪些方面？我们打算怎么办？同时，我们还罗列出，为了增加成功机会，可以尽哪些努力。我们涵盖了每个问题所涉及的各个子问题：你可能想做某件事，但这是否可行？是否有足够的财力？能否得到国会支持？会产生什么样的政治后果？

现在，你已经看到，系统化思维方式几乎适用于任何类型的组织。下面就让我们谈谈，如何将这种思维方式运用到你的企业和工作之中。

实施指南

我们已经了解到，对任何商界人士来说，在解决问题的所有武器中，系统化思维至关重要。如何使用这把利器？首先，你必须明白，结构并不存在于真空之中，必须与头脑里的目标相结合。在界定和解决商业问题的过程中，你的目标就是在混乱中理出头绪。

如今，企业管理层所能接触的信息实在太多，根本无法一一加以利用。管理这些数据的唯一办法，就是从中筛选出最有用的资料。利用适当的结构框架，能极大地提高完成这项工作的效率，从而更有可能在合理的时间内找到解决方案，为企业创造价值。前文曾提到的非洲大陆门户网站 Africa.com 的奥姆威尔 · 克伦肖表示：

在麦肯锡工作期间真正掌握的一项技能，就是当面前有多条路可走的时候，我能够保持头脑清醒。这种技能，肯定适用于企业环境。我们的资源和资金都有限，这就决定了我们不可能什么都做，因此，每一次都只能走一条路。有了结构框架，就可以确定每一种选项的优先次序，避免走弯路，从而节约大量时间和精力。这一点至关重要。我们不一定要知道哪一条路是正确的，但一定不要在错误的路上走得太远。

在这方面，企业高管的职责就是构建“现实”，使之易于把握。他们要界定有关问题的范畴，弄清楚问题的外延、与其他要素的联系，以及所有可能的后果。然后，剔除次要因素，集中精力排出多个选项的优先次序。这样，他们就可以用易于理解的措辞，就问题（有可能是复杂的问题）及其解决方案进行交流，使那些执行管理层命令的人一目了然。

在后面的章节，我们将介绍如何收集数据及如何就解决方案进行沟通。现在，我们先讨论问题的界定与简化。在实践中，麦肯锡人界定问题的一般方法，是将问题进行细分。原因何在？这是因为，大多数情况下，一个复杂的问题，可以分解成若干个简单的、可单独解决的小问题。麦肯锡所处理的问题，要么极为复杂（例如，“当核心市场萎缩时，面对竞争的压力和工会的要求，如何维护股东的权益”），要么相当笼统，若不进一步归类，就没法解决（例如，“在我们这个行业，怎样赚钱”）。将问题细分为若干部分，你和你的团队就更容易明确问题的关键驱动因素（参见第 2 章），并相应地进行重点分析。

这种技巧不仅仅适用于商业问题，也适用于政治等其他领域的复杂问题。现任意大利政府公共部门咨询顾问和政策顾问的弗朗西斯科 · 格里洛，曾就职麦肯锡罗马办公室。他利用这种技术来解决一系列问题，取得了巨大成功，其中包括欧盟失业问题和意大利选举制度改革等，并对欧洲委员会所资助的项目的经济影响进行了评估。

麦肯锡细分问题最常用的工具，就是逻辑树。逻辑树是将一个问题的所有子问题分层罗列，从最高层开始，逐步向下扩展。以蓝筹股公司 Acme Widgets 为例，这是一家历史悠久、经营良好的公司。假设它的董事会聘请你的团队解决“如何增加盈利”这一基本问题。听到这里，你脑海里首先闪现的问题是：“你的盈利来自何处？”董事会的回答是：“来自我们的三个核心部门——装饰物、垫圈和绳毛垫。”

“好啊，”你想，“这个问题的逻辑树的第一层就有了。”接下来，你可以对每种产品的盈利进行细分，通常分为“收入”和“支出”两项，这样就得到了逻辑树的第二层。如此下去，最后就绘制出 Acme 装饰品公司商业系统详细的逻辑树，如图 1-1 所示。

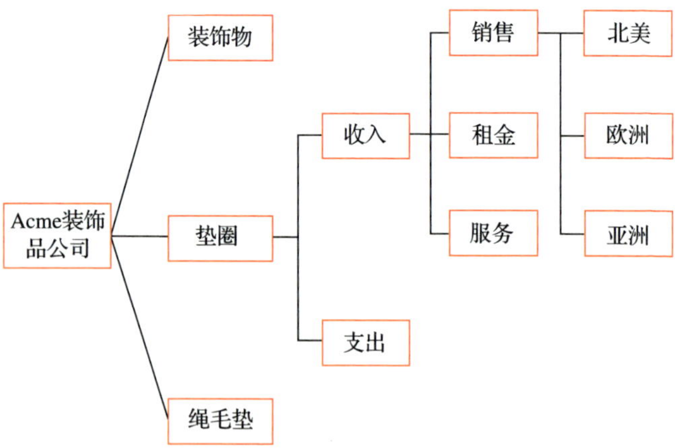

图 1-1　Acme 装饰品公司的逻辑树

注意，在绘制逻辑树时，一个问题也许可用几种方式进行分解，不同的分解方式会影响你看问题的角度，也会影响整个团队在某些关键问题上的认识。仍以 Acme 装饰品公司为例。绘制逻辑树时，你可能不是从公司的组织结构出发（即按产品部门绘制），而是从公司的职能角度出发（即生产、销售、市场、研发、实施等），按照这样的角度，你的团队也可以得到其他有价值的结论。但无论选取怎样的角度，逻辑树务必符合 MECE 原则，只有这样，才能考虑周全，避免模糊。

现在来看看运用逻辑树的一个实例。纳拉斯·伊查姆巴蒂离开麦肯锡后，进入了第一联盟公司（First Union）。为了得到公司总裁的拨款，他不得不向自己所在的客户信息管理分部上报方案，以期公司总裁批准拨款。

问题可分解为："如果我们要根据建立和利用客户信息的方式，来为公司赢取投资收益，那么，收入和利润的来源在哪儿？钱从哪儿来？"我拿出了一个 MECE 的细分方案，罗列出可以赚钱的几种方式：增加产品或提高销量，从现有的客户获得更多的收入；削减现有客户的服务成本；争取多留住现有客户；采取更有效、更高效的方法吸引新客户。这样，我就能对这个问题了如指掌，清楚每个子问题："预计能增加多少收益？经济效益是什么？到最后总成本是多少？"这就是我界定问题的途径：通过细分与重构问题，勾画出问题的整个脉络。

麦肯锡咨询顾问使用众多的结构框架，逻辑树是其中的一种，也是他们离开麦肯锡时尤其喜欢随身带走的一件法宝。与任何结构框架一样，逻辑树也是通过对现实情况的简化，帮你澄清复杂的问题，从无序走向有序。离开麦肯锡公司洛杉矶办公室后，杰夫·坂口加盟埃森哲（Accenture）公司，成为一名合伙人。关于在麦肯锡所掌握的结构框架的用处，他的总结如下：

以结构框架为导向的方法，其实就是在考虑一个问题，即"如何组织这个问题"。我们使用的每一种结构框架，最终都是简简单单的2×2矩阵，都是在尝试将问题分解成为由三个、四个或者五个球形、方形、三角形组成的集合。不管它是什么，只要能将复杂的问题简单化就行。在这方面，麦肯锡可谓得心应手。我已经尝试着将它切实应用到工作中。

在使用逻辑树或者其他结构框架时，要时刻考虑你的最终受众。阐述这种结构框架时要因人而异。比尔·罗斯在通用电气公司工作时有如下发现：

我发现，尽管结构框架在麦肯锡公司大行其道，但离开麦肯锡后，你务必要慎用。许多人在看到结构框架后，会不由自主地产生抵触情绪。在麦肯锡，我们经常听到："哦，你这是把别人用过的方法用在我这里，可我的问题跟他们不同啊！"我们知道，事实并非如此。我们只不过是在努力开启思路，系统地罗列出关键问题，以及如何表述这些问题。在介绍结构框架时，一定要慎重，因为它可能包含着负面的含义，特别是如果过度使用，更可能产生负面效果。因此，不要总用陈旧的结构框架，而是要根据结构框架的概念不断创新，这样才有助于解决问题。

最后要记住，结构框架仅仅只是开始。你还需要提出有说服力的假设，通过正确的分析得出结论，并就你的结论进行有效的沟通。我们将在本书中深入讨论这些问题。下一节我们先介绍初始假设的建立。

练习

- 是否能想到一些你所在企业通常使用的结构框架，或者你从其他地方了解到的结构框架？你能否将它们运用到目前的工作当中？如果不能，你将怎样使用它们？
- 考察你所在的组织。你能否用 MECE 的逻辑树罗列它的各种利润来源？它的生产和服务流程是什么样的？
- 考虑某个常见但较复杂的非商业流程，比如婚礼或度假。你能否运用 MECE 的结构将实现这一过程所需的各项任务列举出来？流程中的关键要素是什么（例如就婚礼而言，让宾客能准时到场，确保新郎露面，等等）？用逻辑树的形式将它们记下来。还有其他 MECE 的划分方式吗？例如，按责任划分。

假　　设

利用适当的结构框架将问题简化、细分之后，就可以进入界定问题的下一个步骤：提出可行的假设。麦肯锡相信，利用初始假设指导研究与分析，会提高决策的效率和效果，而麦肯锡校友的经验，也证实了这一点。

麦肯锡方法

与结构一节的方式相同，我们在探讨如何使用假设这种方法时，将首先概述麦肯锡所信奉的相关原则。

在第一次会议上解决问题。麦肯锡人知道，通过证实或证伪某个假设来分析某个问题的各种事实，要比逐个分析这些事实以确定最终答案更有效。从一开始，假设就可以为你和你的团队提供一张解决问题的路线图，引导你提出正确的问题，进行正确的分析，从而得到答案。好的假设，能够以更快的速度指明可能存在某个死胡同；如果你误入歧途，它又能让你回到解决主要问题的正道上，从而为你节省时间。

你可以依据对问题的有限了解得出结论，从而提出初始假设，不必额外做大量研究。如果面对的是新行业，你可能需要花上几小时读读报刊文章和年度报告；如果面对的是非常熟悉的行业，则仅需简要记下一些初步想法。然后，最好再花上一两个小时与你的团队交流一下，详细讨论一些解决问题的可行方案。

下一步就是要弄清，为了证实或证伪你的假设，你必须进行哪些分析，提出哪些问题。你可以采用议题树的形式。议题树是逻辑树的一种，它的每个分支都是一个问题。[1] 这样你就在结构和假设之间搭起了一座桥梁。一个结构框架下产生的每个问题，都可以被分解成若干个子问题，同样，这些子问题还可以再进行细分。议题树其实就是将问题和子问题用 MECE 的形式直观地表达出来。通过回答议题树中的问题，你就能很快对假设

[1] 我们将在本章后文详细讨论逻辑树与议题树的区别。

正确与否做出判断。

提前做好准备。麦肯锡依靠头脑风暴来提出和检验初始假设。不过，麦肯锡式的头脑风暴，要求团队的所有成员都有备而来：了解团队目前已知的全部事实，花上一些时间考虑其意义。如果每个成员都提出各自的初始假设，从而团队可以进行充分讨论，这在某些时候是颇为有益的，对团队领导者来说尤为有用。不过，也并非一定要这样做。只是你不要抱着自以为知道“答案”的想法走进会场，要做好学习的准备。

把会议室当成无菌室。头脑风暴就是要激发出新的观点。在进入会议室之前，先检查一下你的想法。所有与会人员都必须能够说出自己的想法，分享自己的知识。头脑风暴会议要取得成功，应遵循以下几项原则：第一，没有坏点子；第二，没有不值得回答的问题；第三，做好“扼杀自己的观点”的准备（也就是说，要做好自己的想法被枪毙的准备，必要时，还得自己扣动扳机）；第四，知道适可而止（要把握好时间，头脑风暴会议不要拖拖拉拉，时间长了效果就会降低）；第五，也是最重要的一点，“好记性不如烂笔头”。

不要被表面现象所迷惑。每一名咨询顾问都会不由自主地相信客户对其自身问题的判断。一定要抵制这种诱惑。患者并不总是知道自己的症状是由什么病因引起的，同样，有时经理人员也不能正确判断是什么困扰着自己的企业。

客户提交给你的问题，是不是真正的问题？唯一的判断方法就是，深入挖掘、提出疑问、收集证据。在解决问题的初期抱有一丝怀疑的态度，可以让你在前进道路上避免不少挫折。而且，你是在帮助客户挖掘真正的问题所在，即使有时客户并不喜欢这样。

经验和实例

对麦肯锡校友来说，实践已经证明：以假设为基础的决策方式，使用起来极为便捷。它实施起来不需要很多资源。团队可以使用这种方法，必要时，个人也可独立使用。同时，它还适用于解决各种不同类型的问题。为什么在解决问题的过程中我们要依赖初始假设呢？麦肯锡校友给出了很好的回答：

- 初始假设能为你节省时间
- 初始假设能使你更有效地进行决策

初始假设能为你节省时间。大多数人面对复杂问题，都会从头开始，费力分析所有数据，才最终找到答案。这种方法有时被称为推理法：如果 A，则推导出 B；如果 B，则推导出 C……最终从 Y 推导出 Z。有了初始假设，你就可以一下子跳到 Z，而从 Z 返回到 A 则要容易些。一个简单的例子，就是在连环画或益智书中看到的迷宫图。任何玩过这种游戏的人都知道：从迷宫的终点出发，比从起点出发更容易找到正确的路径。其原因之一就是，从已知的答案出发，可以绕过许多会走入死胡同的弯路。

建立初始假设，能使你更快地走出商业问题的迷宫。初始假设能为你节约时间，因为有了它，你可以根据有限的信息得出结论；而在解决问题的初期，信息通常是有限的。当你尝试开辟新天地，却又无处收集信息时，这种方法尤其有效。奥姆威尔·克伦肖在开发非洲电子商务市场时就发现：

在麦肯锡，有时我们要面对大量数据，这常常使分析陷入瘫痪，搞得我们什么也干不了，客户也是。可在建立门户网站之初，我们的资料不足，必须在缺这缺那的情况下，弄清楚哪些问题是至关重要的。我们只能说："好吧，说实话，对最大的三四个、四五个市场，我们都了解什么？我们的估计是什么？"我们通常会迅速勾勒出这些问题，在信封背面写写画画来弄清这些问题，尽可能做到多半准确，并据此提出一些假设。我们常常说："好吧，如果我们假设市场规模是X，那么该得出什么结论？"

然后重复这一过程："我们认为市场规模是X，且如果市场规模是X，那么Y必然成立。"于是，我们便去考察Y。这样开展下去，情况变得明朗多了：我们走对路了。虽然仍在费力地判断实际的市场规模，但令人欣慰的是，我们已经考察了能想到的所有资源，一切付出都物有所值。

最后一点，初始假设之所以能帮助我们节省时间，是因为它迫使你和你的团队只关注那些能证实或证伪假设的问题。这一点，对于那些不善于抓主要矛盾的人尤其重要。没准儿你的企业中便不乏其人。

初始假设能使你更有效地进行决策。以假设为导向的方法，不仅能使你更迅速、更有效地解决问题，而且能使你快速地对多种选择方案做出评估。因而，你的决策就会更加灵活、有效。麦肯锡校友鲍勃 · 加尔达曾任某知名品牌消费品厂商 CEO，现任教美国杜克大学福库（Fuqua）商学院。他曾一反该公司的传统，用一个富有说服力的初始假设来扭转公司的核心业务。

20 年来，我们在销售方面，一直受到沃尔玛、凯马特（Kmart）和塔吉特（Target）这三大客户在价格方面的重压。他们不停地威胁说，如果我们不降价，他们就要选择中国或印度的供货商。我们有四种备选方案：（1）降低成本与中国和印度竞争；（2）从中国和印度进货，然后销售给客户；（3）推出新产品；（4）同时采用上述三种策略。我的假设是，我们可以通过推出新产品来最大限度地减轻价格压力。果然，当我们向这三大客户推荐新产品时，他们很兴奋；这样，我们实际上就可以自主报价了。此后，只要我们不断推出新产品，他们就不会更多地考虑在价格上做文章，甚至对一些原有的产品也是这样。所以，这个假设是成立的。

鲍勃还将自己的假设与其他几种方案进行了比较：

我们可以采取的另一种方法，是降低成本打败印度和中国。实际上，管理层的几位主要人物也认为这是唯一的对策，以前就是这样。但不幸的是，美国制造的产品，在成本上可没法击败中国和印度。自然，从长远来看，削减成本也是对策之一。我们也努力降低成本，但从来做不到比中国和印度的还低。

另一种方案，是从中国和印度进货，然后出售给沃尔玛、凯马特和塔吉特。公司管理层有一小部分人支持这种做法，但我认为毫不合理。如果采纳这种方案，我们所要做的，就是为亚洲制造商建立起分销体系，而一旦建立起这个体系，他们就会直接去找买主，把我们撇开。由于价格压力将持续存在，所以这个方案仍需讨论。但是，只要能向三大零售商提供其他价值，我们的日子就会好过。

以假设为基础的决策之所以更加有效，是源于“不要被表面现象所迷惑”这一经验。多米尼克 · 法尔科维斯基调往亿康先达国际咨询公司（Egon Zehnder）华沙办事处时发现：

我的客户想聘请一名 CFO（首席财务官），因为现任经理在财务报告和投资分析方面做得不够好，与团队的合作也有问题。我们不清楚情况是否属实。经过情况分析，包括对 CFO 的评价，我们发现，原来是公司的 CEO 缺乏有序性，过于频繁地改变主意和修改工作流程，而且也没有就这种改变在公司内进行沟通。当然，现任 CFO 也有责任，他的人际交往能力不强，不能很好地处理各种反馈意见。

我们建议聘请战略咨询顾问对公司内部进行重组，并亲自对 CEO 和 CFO 开展培训。结果，问题解决了，客户和CFO皆大欢喜，公司发展也蒸蒸日上。此外，我们还证明了：从外面物色人选，也许反而不会带来公司想要的价值。

实施指南

建立初始假设，能使你更有效、高效地解决问题，但要达到这种效果，需要能够大胆假设，小心求证。由于在解决问题之初就要建立假设，因而不得不减少对事实的依赖（大部分收集事实的工作尚未展开），更多的是凭借自己的直觉和感性认识。利用掌握的信息，结合自己的直觉，设想最可能的答案。最可能的答案并不一定就是最正确的答案，但却是个不错的起点。

如果头脑中立即闪现出某个想法，祝贺你：你已经建立起一个假设。这个时候，无论是埋头于桌案，还是在享受沐浴（不管是独自一个人，还是另有人做伴），或是在与团队参加头脑风暴会议，你都应对这个假设进行粗略检验（Quick and Dirty Test，QDT）。这种检验可简单地表述为：要证明你的假设，哪些假设条件应该是成立的？如果任何一个假设条件不成立，你的假设也就错了。很多时候，利用QDT方法，几分钟内就能证明错误的假设。当你需要从数个选项中快速抉择时，这种方法显得尤为有用。查拉·伯纳姆现任美国投资银行永核伙伴（Evercore Partners）的风险投资家，他证实：

> 我的主要工作就是发现潜在的投资机会，确定哪些值得投资。在启动评估时，我总是问："要说明这是个好的投资项目，我需要相信哪些东西？该项目可能在哪些方面遭到失败？因此，我需要做哪些分析，来支持或否定这项投资并评估风险？"方法听起来很简单，但坦率地说，许多人在接受评估培训时往往忽视这一点。

仍以Acme装饰品公司为例。昨天，董事会要求你和团队设计出降低绳毛垫边际成本的方案。今天，在头脑风暴会议的前几分钟，你提出了几种削减成本的备选方案：（1）向供货商施加压力，降低原材料成本；（2）在保持现有生产水平的情况下，进行裁员；（3）缩短绳毛垫加工过程的用时。现在，你可以用QDT方法迅速逐一验证这些方案。

向供货商施加压力的方案似乎很不错，但是否行得通？需要什么条件才能实现这一方案？你也许会说，原材料是绳毛垫总成本中的重要成分，因而降低原材料成本，会对成品的总边际成本产生很大影响。而且，团队中有人了解到，绳毛垫的原材料约占总成本的 35%，所以应该有一些余地。接下来，你需要与供货商讨价还价。遗憾的是，今天早上，《华尔街日报》第 2 版刊登了一条消息，Allied Thrums and Bezels 公司刚刚宣布将收购 General Thrums 公司。分析家预计，此次并购会使绳毛线的总产量大幅下降，因而批发价格将面临上涨压力。施加压力的方案估计够呛。

对生产部门进行裁员如何？劳动力成本是绳毛垫生产总成本的重要组成部分，似乎这方面大有文章可做。那么，关键问题是：按照 Acme 装饰品公司的生产设备，人员是否过剩？确定这一点的方法，就是了解公司的人均生产率在行业中是否偏低。你想起来，曾见过一份有关绳毛垫生产的近期基准管理调查报告。根据该项调查，Acme 装饰品公司的人均产出显著高于竞争对手。此路不通。

只剩压缩绳毛垫处理用时这一方案了。按照惯例，一级绳毛垫的处理至少需要两个星期——这既耗费大量能源，又牵扯到库存，花费不菲，因而造成 Acme 装饰品公司的资产负债表不必要的膨胀。这样，缩短处理用时可谓一石二鸟，不仅能提高公司的盈利水平，还能减少生产过程的存货。需要什么条件，本方案才切实可行呢？初步的切入点，似乎是应弄清，是否不需要两个星期，也可以生产出一级绳毛垫。碰巧，团队中某个成员刚刚在《绳毛垫制造周刊》上读到了一种新的处理流程，它利用特定的温度、湿度和压力控制，可以获得与传统方法同样甚至更好的效果。

太棒了！现在，你的团队就得到了能够通过 QDT 验证的初始假设。[㊀] 下一步就是更加全面地检验你的初

㊀ 本例仅用于说明问题。对于任何绳毛垫生产、加工、经销或提供相关服务的企业，无论是有限责任公司、合伙人公司，还是私营、独资企业或个体经营，本例均不是具体的解决方案。如果读者的确身处绳毛垫行业，务请亲自进行调查。

始假设，必要时，可以做一些调整。要实现这个目标，现在就要使用议题树了。

议题树是由逻辑树演化而来的。逻辑树只是由各要素构成的分层结构，议题树则是为了证实或证伪某个假设必须解决的一系列问题。议题树在结构和假设之间搭起了一座桥梁。利用结构框架提出的每一个问题，都可以分解为若干子问题，而子问题又可进一步细分。通过创建议题树，所有的问题和子问题都可以显现出来。这样，你就可以确定：应根据初始假设提出哪些问题，并将这些问题用作分析的路线图。有了议题树，你还可以在分析过程中迅速远离死胡同，原因在于，问题有了答案，就可以立即将被证伪的分支去掉。

美国康塞科（Conseco）公司是美国最大的金融企业之一，提供多种金融业务。丹·韦托在为该公司电子商务分部制订一系列计划时，就发现议题树特别有用。

在解决问题时，许多人都力图一律穷尽。实际上，没必要总这么做。你需要用 MECE 原则看待每件事，但却不必每件事都同样深入调查。例如，我们正在考虑公司的电子商务发展战略，因为公司刚刚成立了电子商务部门 eConseco。这是一个独立核算的部门，我们必须自问："盈利和增长的主要途径是什么？哪些事儿至关重要？哪些无足轻重？"

一时间众说纷纭。支持增加收入的人提议："嗯，我们可以销售书籍。"至关重要的是，要能够迅速弄清，这种方案永远不能让你赚钱。而能够从议题树上剪掉那些无足轻重的分支，从而集中精力关注重要的分析，则是一种解决问题、界定问题的能力。这是一种令人不可思议的能力，并非完全依赖直觉，但的确可以加快解决问题的进程。

回到 Acme 装饰品公司，缩短绳毛垫处理过程的议题树会是怎样的呢？团队在讨论过程中，提出了以下几个问题：这是否能降低成本？是否需要特殊的技术？公司是否掌握了这样的技术？这是否会降低绳毛垫的品质？我们能否一开始就实现这种转变？

在绘制议题树时，必须依据 MECE 原则，对这些问题以及其他一些问题进行分组。第一步，要弄清哪些是最重要的议题，这些议题都必须是成立的，才能保证初始假设是成立的。团队讨论一阵之后，你分离出了事关假设是否成立的三个议题：缩短处理过程能否降低成本？企业能否实现必要的转变？如实现了这种转变，能否保证产品质量？将这些议题放在初始假设下面的那一层（见图 1-2）。

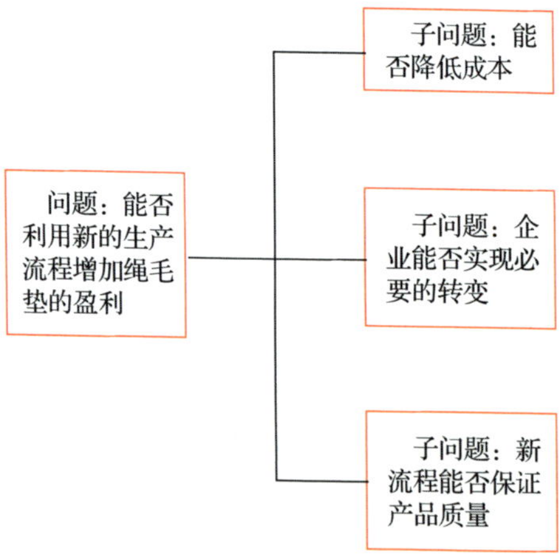

图 1-2　Acme 装饰品公司议题树

遗憾的是，这三个问题的答案，还有赖于解答更多的问题。要得出最终结论，必须依次找出这些问题的答案。随着每个问题一级级向下扩展，你的分析路线图就开始成形了。让我们深入挖掘其中的一个问题，看看它将把我们带到何处。

“企业能否实现必要的转变？”这一问题引出了很多子问题（见图 1-3）。其中，一部分来自于起初的头脑风暴；另一部分，则是另花时间具体思考这个问题后提出的。与处理主干问题一样，也需要弄清各个子问题的逻辑顺序。为了练习的需要，我们假设这个问题有两个子问题：（1）缩短时间后，新流程是否需要特殊设备？（2）新流程是否需要专门技术？对于这两个问题，理想的答案当然是“否”，这样便不必深究下去。然而，如果任何一个问题的答案为“是”，假设并不能马上被推翻，而是会引出更多必须回答的问题。例如，关于设备问题，可以问：“我们能否制造或购买？”如果顺着议题树提出的问题得出否定的答案，则你的假设的确不成立。

到这里，你就应该对界定议题树的过程了然于胸。如果你构建了议题树，就已经勾勒出需要完成的各项研究与分析任务。下章将阐述的便是研究与分析。

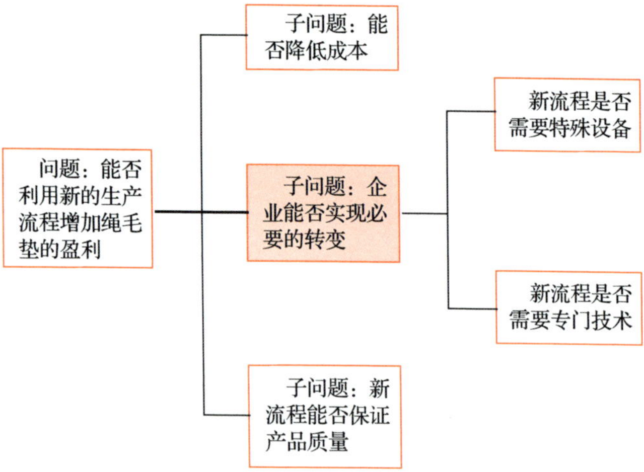

图 1-3　Acme 装饰品公司子议题树

麦肯锡以假设为导向，特别是在第一次会议上解决问题的方法，是一个放之四海皆可用的非常行之有效的决策技能。

练习

- 列举某个你持有鲜明观点的非商业问题（例如，枪支管制、生物进化、全球变暖等）。根据自己的立场罗列出你的假设。它们都正确吗？你需要哪些信息和分析来支持你的观点？

- 如果你不关心这样的问题，可对目前工作中所遇到的问题提出一些可能的假设。要使每一个假设成立，你能否说出一两个必须符合的条件？现在，用 QDT 方法对每个假设进行检验。

结　　论

使用结构框架建立初始假设，可以使你和你的团队在最短的时间内选定分析内容，明确研究领域，从而得到具有说服力的结论。下一章，我们将考察如何在最短的时间内制订分析计划，以证实或证伪假设。

· 第 2 章 ·

设计分析内容

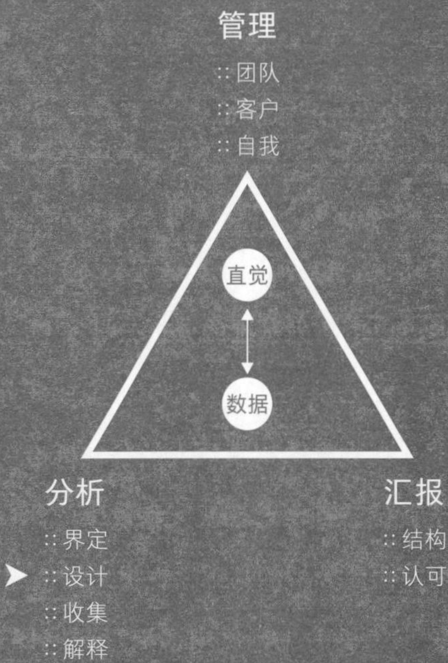

建立初始假设，就是“在第一次会议上解决问题”。要是真这么容易就好了。遗憾的是，尽管你认为自己有答案了（谁知道，也许真的就是呢），但你还必须证明它。你得通过以事实为基础的分析去证实。

麦肯锡人在公司工作的头几年，主要任务以分析为重。事实上，在麦肯锡招聘新人的各种标准中，分析能力几乎居于首位。甚至对合伙人和董事的评价，也是依据他们能否在团队分析的基础上，提出增值建议。

在驾驶小飞机的飞行员中，流行着这样一种说法：“飞行员分为两类，一类是飞机准备着陆时早早放下起落架的，另一类则与之相反。”决策时也是如此：或早或晚，高管都将不得不根据直觉进行决策。在许多组织中，高管制定重要的战略决策，一半依靠以事实为基础的分析，一半凭借直觉。我们访谈的麦肯锡校友大多觉得这是他们离开麦肯锡后面临的根本变化。并不是说这一定不好。很多情况下，由于时间有限、资源不足，无法进行大量的分析，许多成功的管理者能凭借高度准确的直觉，迅速做出正确的决策——这也是他们成功的原因。然而，如果你的经验没有这么丰富，或者（除了直觉之外）希望有其他的主意，我们建议，在条件允许的情况下，尽可能用以事实为基础的分析来支持你的决策。谁知道呢，没准儿它就会提醒你放下起落架。

本书对分析的讨论分为两部分。本章我们将向你介绍，如何安排必须完成的分析任务，以证明你的初始假设。第 4 章，我们将介绍如何解释你的分析结果，从而使这种分析对你的客户或组织产生最大限度的影响。在中间的第 3 章，我们将探讨数据收集技术，原因在于，在能够得到结果前，必须首先有材料供分析。

分析设计，在麦肯锡被称为“工作规划”。工作规划通常是负责团队日常运作的项目经理（EM）的任务。在项目早期，一般是在团队刚刚建立初始假设之后，项目经理将确定需要进行哪些分析，由谁负责。此人将与团队的每一名成员讨论以下内容：该成员的任务是什么，在什么地方能找到完成任务所需的数据，可能的最终成果应是什么样儿。此后，团队成员各司其职，共同完成工作。

对于大部分客户来说，恨不得一切工作都在当天完成，如果稍晚，也许价值就会大打折扣。遗憾的是，以事实为基础的严格分析，是需要耗费时间的。任何聘请麦肯锡进行咨询的高管都会告诉你，他的时间很宝贵。不过，麦肯锡也明白，客户付得起的时间也就这么多，因而，它开发出了许多分析方法，使咨询团队能迅速利用原始材料提出增值建议。这些技术在麦肯锡之外同样非常适用。虽然我们不能保证在学完本章后你就能创造奇迹，但是，如果你将我们提供的经验加以运用，应该就能够设计出能加快分析和决策的过程。

麦肯锡方法

以下指导原则，可以帮助麦肯锡人设计出分析程序。

找到关键驱动因素。大部分客户的成功都取决于众多因素，但其中某些因素要比另一些因素更重要。当时间和资源有限时，你不可能奢望详尽地单独考察每一个因素。相反，在规划如何分析时，要弄清哪些因素对问题的影响最大，然后集中关注这些因素。一定要挖掘问题的核心，而不是一一详细分解。

以大局为重。当你在努力解决某个困难、复杂的问题时，很容易在众多的目标中迷失了真正的目标，况且人们对你又有时间要求。当你感到自己被包围，就应该在某种意义上后退一步，弄清你正在努力实现的目标。问问自己，现在执行的任务是否服务于全局？它是否在引领团队走向目标？如果不是，就是在浪费时间，而时间实在是太宝贵了。

不要妄想烧干大海。工作中要使巧劲，而不是用蛮力。在当今数据饱和的世界，只要加班加点，用好几种方法穷尽分析问题的方方面面，已变得相当容易。但是，如果分析不能使解决问题流程显著增值，那就是浪费时间。弄清楚证实（或证伪）自己的观点所必需的分析，加以落实，然后向前推进。很可能，你只能做到恰到好处，没时间再做别的。

有时候只能直接寻找解决方案。每一种规则都有例外，麦肯锡的解决问题流程同样如此。有时候，出于某种原因，你无法建立初始假设。这时，就必须依靠对所掌握的事实进行分析，一路寻找最终解决方案。

经验和实例

大部分麦肯锡校友在离开公司之后觉得，他们用于分析的时间比在麦肯锡时少得多。此外，他们还发现，在麦肯锡学到的关于制订分析计划的方法，帮助他们获得了在新单位决策所需的支持。我们将他们的经验提炼为四项规则，有助于你缩短制定决策的周期：

- 让假设决定分析
- 理顺分析的优先顺序

- 不要追求绝对的准确
- 确定困难问题的范围

让假设决定分析。一旦开始对分析进行规划，你就必须在直觉和信息之间进行权衡。虽然在新兴经济体中开拓全新领域的初期，就连麦肯锡也曾经依靠直觉进行判断，不过历史表明，麦肯锡的解决问题流程却根本没有为直觉留下丝毫余地。相比之下，很多决策者都喜欢几乎完全依靠直觉，时间仓促时尤其如此。正如一位麦肯锡校友所言："大家明白，建立假设就是以结果为导向，就是说，弄清你要去哪儿，看看自己走的路对不对。但是，他们往往不愿花时间稍微检查检查，确保掌握正确的解决方案。"尽管我们清楚其中的原因，但仍然相信，直觉和数据是互为补充的。至少这两方面都要用上一点，才能为决策打下坚实的基础。

而保持平衡的关键，是质量而不是数量。正如 L,G, & E 能源公司的詹姆斯 · 惠兰（James G. Whelan）所言："重点分析，远比大量分析更重要，而这又源于初期对问题的恰当界定。"正如我们在第 1 章所说，如果正确地设计了议题树，就该清楚要进行哪些分析。你应该已经把总的问题分解成了子问题，且对子问题做了进一步分解。向下的分支可能有两级，也可能有十几级。到了某个时候，所有问题都会演变成一系列可用“是”或“否”来回答的小问题（例如，产品能否赚钱，我们是否有实施新计划的技术力量，是否合法），而关于这些问题的答案，你已经建立了初始假设；现在，必须用以事实为基础的分析，来证实或证伪这些假设。

埃森哲公司的杰夫·坂口推荐了进行重点分析的另一种方法，即开初伊始便要牢记最终目标。

> 经过问题、子问题、假设、分析、数据收集、最终产品这一系列流程，你就可以了解最终产品的可能情况。它使你免于花费大量时间在那些有趣却不相关的分析上。如果你不这样做，很快就会受到重创。

杰夫指出，那些以分析为乐的人，面临真正的危险：只是为分析而分析。掌握了大量数据，用各种各样的新奇方法去分析它们，可谓乐趣不少。但遗憾的是，如果这些分析不能帮助你证实或证伪你的假设，那也就只能是玩玩而已。

理顺分析的优先顺序。当你需要在有限的时间内拿出结论，利用有限的资源解决问题时，就必须弄清哪些分析是必不可少的，哪些是无关紧要的。因此，作为分析设计的第一步，首先要明白不该做什么。这是“假设决定分析”的必然推论：不做与假设无关的分析。

对于资源有限的小企业，这个结论尤其适用，它们没有能力大海捞针。艺术品零售商迪克·布里克控股公司的 CEO 鲍勃·布克斯鲍姆在描述自己的决策流程时证明了这一点。

在初始假设驱动下，找出障碍最少的路径；做出假设，得到“方向正确的”答案。有一种说法：“从来不可能有足够的数据和时间。”我总是把它解释为：“做事赶早不赶晚。”对于我们这样一个年收入仅 9000 万美元的小企业来说，我不能让自己和公司员工违反这些原则。渐渐地，我发现在自己的努力下，大家不再为商业问题建立“统一的理论”。

前面我们曾提及，热衷于分析的人面临一种巨大的诱惑，总做有趣的分析，而不是做相关的分析。因此，在制订分析计划时，你有责任扭转团队的这种倾向，对自己尤其要把好关。

下一步工作，应弄清哪些分析能“快速制胜”，即哪些分析易于完成，并能为证实或证伪初始假设做出重要贡献。换言之，就是要“先摘好摘的果实”，我们将在第 7 章论及这方面的内容。下面的例子有助于你理解这个问题。野人娱乐公司（Savage Entertainment）的查科·桑尼对他的团队解决软件调试问题（软件开发过程中的关键步骤）做了如下描述。

测试初期，软件的质量保证肯定要以这一原则为中心。尽管我们必须彻彻底底找出软件的所有错误，也承担不起让 20% 的错误混入发布的产品的后果；但我们在寻找出现问题的原因时，的确采用了二八法则[㊀]。许多情况下，程序代码中相同的错误，会表现出各种不同的特

㊀ 第 4 章将讨论二八法则。

征。我们不是跟踪错误的每一种表现，而是揭示出由某个主要错误引发的 80% 的影响。这样，就为找到错误的原因提供了线索。我们可以解决代码中的重大问题，而不必一一弄清这个错误的每一种影响。从一开始，我们就设法找出那些对产品有着广泛影响的关键错误。之后，我们抓住余下 20% 的问题，最终使产品达到公开发布的要求。

通过避免不必要的分析，首先关注那些易解决的问题，你就能做到事半功倍。

不要追求绝对的准确。由于我们一直强调以事实为基础的分析对商业决策的重要性，也许你会觉得，这与我们现在提出的不必从分析中得到精确的答案是相互矛盾的。然而，事实上，大多数情况下，商业并非像物理或数学那样讲究精确。比如，确定是否开办新工厂，与发现一种新的亚原子粒子所要求的精度，是有所不同的。实际上，大多数情况下，在管理决策中追求科学意义上的精确度，往往会适得其反。你会付出过多的时间与精力，却十有八九从大致的正确走向精确的错误。在为你要解决的问题确定分析任务时，请务必牢记这一点。

对于前瞻性的分析，这种方法尤其重要。根据历史数据，要回答“装饰品市场的规模多大”这样的问题是一回事，而回答如下问题则又完全是另一回事，即“如果在桑达斯基北部[⊖]建造一家新的饰品厂，未来10年可能有什么样的回报？”这一问题的答案取决于多个变量，而这些变量的值又无从知晓，包括未来装饰品的需求量、新竞争对手的介入及消费者品位的变化等。你所能提出的任何数字都很可能是错误的。因此，应该在“缓冲地带”寻找答案，即方向正确、范围恰当。通常，这种精确程度的答案可以很快得出，但是，要获得不合逻辑的精确程度，所费时间则要多得多。

此外，如果能在短时间内获得某种满意的答案，你会更愿意去尝试分析。但是，如果你的答案需精确到四位小数，那么你的愿望可能就会减弱很多。正如一位麦肯锡校友所言：

> 我发现，在信封背面随手所做的分析，其价值非常

⊖ Upper Sandusky，美国俄亥俄州。——译者注

惊人，因为它让你知道，自己是不是靠谱。很多时候，我想知道的，打个比方，就是有关某个新产品的点子是值500万美元、5000万美元，还是5亿美元。有人会觉得这难以令人满意。他们会想："哦，我想说值5000万美元，但如果真的值7500万美元，怎么办呢？"我可不在乎！他们又说："可这少算了一半呀！"我的回答是，这样做，比起根本拿不出数字来，价值要大得多。

正如有些人什么都想分析一样，也有一些人就是想把答案精确到四位有效数字。Quaero公司[㊀]是一家基于信息的市场咨询机构，创始人兼CEO纳拉斯·伊查姆巴蒂对此深有体会：

我招了大量博士和高学历的员工，差不多是在强迫他们不要考察数据中的每一种误差。如果你是在谈论医疗，得救死扶伤，那么，教授所教的全都对。可这是市场，我们不过是在想法赚钱。咱们赶快行动吧，不要再在细枝末节上纠缠了。

㊀ 欧洲著名搜索引擎公司。——译者注

你可以花大量时间来提高模型的精度，但最终，可能你虽然算出了收益下降的转折点，但却丧失了把产品推向市场的时间。我们不需要完美的模型，只需要好于现有的东西。行动起来赚钱吧，以后可以不断完善。

再次提醒你，要克服冲动，避免你自己或团队在数据中迷失，因为那样会浪费时间和金钱。

确定困难问题的范围。在勘察和测绘中采用的三角测量法，就是通过从两个已知点进行测量，来确定某个未知点的确切位置。当你对某个问题掌握的信息极少，而这在商界乃是普遍现象，你就可以利用类似技术来建立假设。某个时候，你会遇到似乎无法回答的问题。要么是信息被竞争最激烈的对手独占；要么是你开拓的是全新行业；要么不管出于何种原因，问题就是难以解决。倘若当真如此，不要灰心。很有可能，你会通过一些分析，至少能画出答案的可能范围，即使这可能不会让你特别接近答案。但只要方向正确、范围恰当，很可能就足以得出结论。

为了说明这种做法，我们以现就职于葛兰素史克的麦肯锡校友保罗·肯尼为例。他曾经要确定一种药物的潜在市场规模，而这种药物尚有待开发，且治疗的症状大多数医生都闻所未闻。保罗的策略，可以为你处理类似情况提供参照：

我们正在研究一种叫作“性欲低下症”（HSDD）的症状，表现为性欲处于极低水平，主要见于女性。当时，它实际上还不是一种公认的疾病。定义是精神病医生提出的，但极少得到诊断。普通医生可能都没听说过。从医药角度来说，这种病为开发某种女用“伟哥”开创了契机。但当时，没有任何相关信息。

困难并没有吓倒保罗，他考察了类似情形，希望能为问题的解决带来曙光：

我们试着与男性使用的“伟哥”画几条平行线，从而看出明显的联系。不过，我们主要是寻找类似情况，包括其他性功能障碍及所谓的生活方式问题，如肥胖症等。我们可以利用这种类比来对这个案例进行评估。

一旦发现了有用的类似情况，保罗便对它们进行深入考察：

其中，我们所假设的一个联系便是抵触情绪：病人不愿承认有这种症状。有多少病人真的愿意向医生透露？当时，还没有人这样做，也就无法把他们的病史当作研究的样本。当然，在“伟哥”万艾可问世前，向医生坦言自己患有性功能障碍的男子，就更少之又少了。女性是否会采取和男性相同的态度，这还是个未知数。心理方面，我们正在考察肥胖症。病人是食欲旺盛，还是把吃当成习惯，或者就是想吃？因而，肥胖症更是一种精神疾病。我们还考察了有多少人愿意承认自己得的肥胖症是一种精神疾病。我们运用了各种各样的类比，来确定自己所考察的数值范围。即使到了最后期限，还是不可能得到精确的数字，但我们有望拿出一些靠谱的东西。

可见，保罗根本没有为永远找不到“答案”担心。相反，他仅仅努力为这个特定市场的规模设立上限和下限，因为，有了这个范围，他就足以确定是否推进这个项目。

实施指南

在设计分析时，脑子里要有具体的最终产品，即工作计划。全面的工作计划，始于建立最初假设期间你所界定的每一个问题和它的子问题。对于每一个问题和它的子问题，应列出以下内容：

- 关于答案的初始假设
- 证实或证伪假设必须进行的各项分析，以及它们的优先次序
- 进行上述分析所需的数据
- 可能的数据来源（如普查数据、目标组群、面谈）
- 每项分析可能得到的最终结果的简要描述
- 每项最终结果的负责人（你自己或某位团队成员）
- 最终结果的交付日期

上述内容的列举，既不必新奇，也不必正式。手写的也可以，能看清楚就行。

我们再以 Acme 装饰品公司为例。在上一章，你刚刚完成了议题树的绘制。我们花了一些时间，将其中

一个分支进行了扩展，即“企业能否实现必要的转变?”这个问题被分解成应以“是”或“否”来回答的子问题。表 2-1 说明了如何安排某个子问题的工作计划。

在规划分析过程中，列出以上表格后，我们先注意要分析的问题及对答案的假设。我们喜欢将答案直接附在问题后面，尽管你也可以单独归入一列。最上层的问题仍在最上面（这毫不奇怪）。下面是子问题，再下来是子问题的子问题（子问题的子问题的子问题就没必要提了）。如此这般，“新流程是否需要特殊设备”这个问题下面，就是“如果的确需要特殊设备，能否获得”。

接下来，便是要进行的各项分析。本例中要进行的分析不多，但也还有不少分析是可以开展的。例如，根据新的生产流程的技术要求，绘制一份示意图，将会很有用。没错，是很有用，甚至很有意思，但并不是绝对需要的，而且还要为此耗费时间，可这个时间并没有用来证实或证伪初始假设。因此，绘制示意图，既不能让你最后敲定，也没有做什么你可能规划的分析。

表 2-1 Acme 装饰品公司的议题树工作计划

问题 / 假设	分析	资料来源	最终产品	责任人	到期日
企业能否实现必要的转变？能					
新流程是否需要特殊设备？否	技术规范	文章、面谈	图表	汤姆	6月3日
	符合新标准的设备列表	设备管理、访谈	列表	汤姆	6月5日
如果的确需要特殊设备，能否获得？能	设备空缺表	设备管理、生产线主管、访谈	图表	贝林达	6月7日
	设备来源	一线人员、同行、出版物	列表	贝林达	6月7日
	填补空缺成本	一线人员、承包商、访谈	表格	贝林达	6月10日
	对项目回报率的影响	财务部门、前期分析报告	电子表格	特里	6月12日

由于第 3 章将详细探讨数据及其来源这个问题，这里只略做介绍。列举出数据及其来源，可以帮助你和团队掌握所有的情况，从而不错过某个丰富的信息来源。说到丰富的信息来源，你注意到我们多次提及访谈了吗？第 3 章将会详细介绍。

如上例所示，对最终成果的可能面貌的描述，应该简洁明了。这种描述，应切实作为团队讨论的出发点。在麦肯锡，项目经理会让项目组每一名成员了解自己在工作计划中的角色，与每一名成员讨论自己对最终产品的预期。有时，项目经理还会勾画出“幽灵包”[1]，显示出所有最终成果的样板，这有助于指导分析过程，对经验不足的咨询顾问来说尤其有益。

问责制通常情况下不言自明。毕竟，每一项分析都必须有人负责，不然就没人去做。在第 6 章中，我们会探讨如何向合适的人分配适当的任务（首先要把他们纳入团队）。通常，合理的做法是，将独立的一系列分析

[1] 一种原版镜像工具，此处意指最终产品的雏形，有些多是框架，而不包含实际内容。——译者注

任务（如每个子问题的分析任务）进行责任划分，但并非一定如此。这样，在我们的案例中，汤姆就负责回答“新流程是否需要特殊设备”，贝林达负责弄清“能否获得可能需要的所有特殊设备”，但该问题中的一项分析任务由特里负责。原因何在？原来，特里碰巧是财务专家，正在为这个项目进行全面的财务分析，因而，让特里分析项目回报率合情合理。

交付日期也同样易于理解。明确交付日期，有助于团队成员了解对自己的预期，你也能从头至尾了解项目的整个进程。有些人喜欢用甘特图[⊖]或者其他项目管理工具来跟踪产品的交付日期，这取决于你个人。

在我们的案例中，某项分析或多或少与下一项分析相契合。不过请记住，有时一项分析的结果，会使随后的一系列分析变得多余，实际上不必再进行分析。例如，如果经过分析，证明我们不需要特殊设备这一初始假设，则是否需要获得这些设备以及所有随之产生的分析，都不需要了。如此，应尽可能合理安排各项分析，

⊖ Gannt chart，表示预定进度的图表。——译者注

先回答那些“有决定性意义的”问题。当然，有时候，你并没那么多的时间，可以等到一项分析结果出来再进行下一项分析。不过，还是要尽最大可能大胆地删减你的分析计划。

除了安排好今后几周的工作，为你的团队设定工作目标，恰当的工作计划还有另一个作用，即帮助你厘清思路。当你检查工作计划、记下所有的分析任务，并对这些任务进行排序和删减后，就会很快弄清界定问题阶段初始假设中未曾显露的漏洞。一位麦肯锡校友表示：

> 我学到的最重要的东西之一，就是最先把想法付诸纸上的人会胜出。进而得出，如果你不能把它记在纸上，那么，要么是你自己还没想清楚，要么这根本就不是个好主意。很多人会说：“哦，我脑子里有这个想法，就是没有记下来，可我真的知道怎么做”。我说，还是记下来吧。

有时候，仅仅是工作计划的制订过程，就会引导你重新考察自己的分析，可能还会重新安排它们的条理。

我们将在第 4 章详细讨论假设和分析之间反复求证的关系。这里请牢记，初始假设是灵活的，它还有赖于你的分析。

练习

- 在第 1 章，我们绘出了 Acme 装饰品公司一个问题的部分议题树，即“企业能否实现必要的转变？”本章又制订出了它的一个子问题的工作计划，即“新流程是否需要特殊设备？”请同样制订出另一个子问题的工作计划，即“新流程是否需要专门技术？”记住，如果答案为“是”，你就还得再回答其他问题。

结　　论

在证明初始假设时，有效的分析设计将有助于顺利起步。你和团队会知道必须做什么，在何处获得相关信息，在何时完工。工作计划的制订过程，也能有效地检验初始假设所追求的目标是否恰当。对某些人而言，这似乎有点吹毛求疵，不过，我们仍然强烈建议你精心制订分析计划，因为我们的麦肯锡校友也证实了它的实用性。

一旦制定了工作计划，就该开始实施了。只有掌握事实才能做到这一点，因此，现在该收集数据了。下一章，我们将向你介绍收集分析数据所需的策略和技巧。

·第 3 章·

数据收集

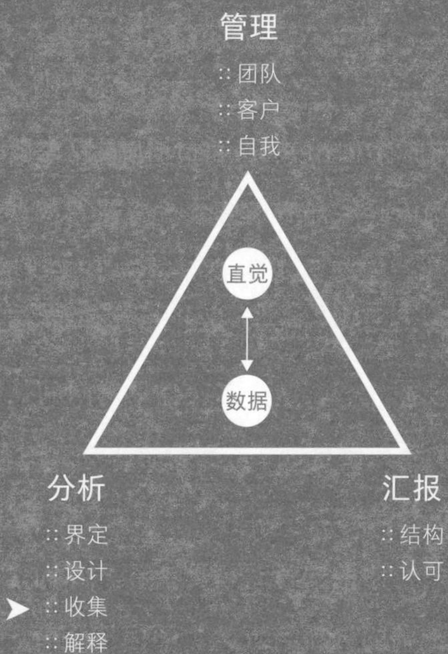

在建立初始假设并确定证明该假设需要进行的分析之后，就该收集开展这些分析所需的数据了。这项任务很乏味，但却至关重要。坚持不懈地追求事实，是麦肯锡咨询顾问的标志之一，而数据收集则是最重要的咨询技能之一，这一点，你只需问问任何有半年工作经验的新人便可证实。对麦肯锡校友的访谈表明，数据收集也是其他组织大幅改进机会最多的领域之一。正如本书前言中的麦肯锡模型所述，我们建议，应在以事实为基础的分析与直觉之间保持平衡。不过，平衡才是问题的关键所在。我们的假设是，商界大多数日常决策都缺乏严格的事实依据，而以事实为依据，正是麦肯锡自1926年创办以来，一直所坚持的必要原则。

我们将在本章中深入探寻数据收集的精彩世界。第一节，我们将首先概述研究策略；然后，将介绍开展富有意义的研究所用的一些成功技术——正如一位麦肯锡校友所言："要聪明地收集数据。"我们还将详细介绍一些具体的研究工具，这些工具是麦肯锡内外都公认的最佳实践。尽管某些工具听起来耳熟，但如何在资源有限的条件下成功运用，对咨询顾问来说仍是一种挑战。此外在第一节，我们还介绍了一些极好的数据来源，其中许多可免费获得。

在第二节，我们将向你介绍麦肯锡最重要的一种数据收集工具：访谈。我们将透露一些访谈秘诀，助你明显改善决策质量。利用这些经我们尝试、检验过的技能，你就更有可能挖出那些优质的信息金矿。

最后一节，我们将讨论商界目前最热门的话题之一：知识管理（KM）。除了阐述有效的知识管理战略及工具，我们还将讲述一些故事，介绍麦肯锡校友在离开公司后，如何成功地将知识管理运用到自己所在的企业。

本考虑再用一节介绍如何增加研究的乐趣，但却缺乏足够的事实依据。因而，我们仅仅着重讨论了如何尽可能把研究工作做得不那么辛苦。

研究策略和工具

在本书，大多数时候，我们都建议在行动前先退后一步，三思而行。我们承认，信息的获得在当前已不再是个问题。恰恰相反，我们掌握的信息太多了。现就职葛兰素史克医药公司的麦肯锡校友保罗·肯尼每天都会面对这个问题。

数据收集的流程已经改变。我发现网上有大量信息，甚至与几年前相比都多得多。在制药方面，绝不缺少数据和信息。实际上，我们已经被数据淹没了。有关于市场的信息，而且还非常详细，还有大量复杂的科学数据。困难在于，如何准确地找到有用的那点儿东西。

美国 Forty and Bordercross Marketing 市场营销公司老板兼董事雷纳·西格尔考强调了确定战略重点的必要性："在我们行业，弄清一两个需要考虑的真正重要的数字就很有用。没有时间去弄清更多东西。"我们赞同这一点。在开展研究时，你并不需要获取尽可能多的信息，而是需要尽可能快地获取最重要的信息。

正如上文两位麦肯锡校友所言，麦肯锡讲究有策略地寻找事实，这在其他组织中同样适用。你是否参与过旷日持久却得不偿失的数据研究？这正是我们希望避免的。我们来概述一下麦肯锡收集数据的方法，再讨论其他组织在实际运用中吸取的经验教训。

麦肯锡方法

首先简述麦肯锡开展研究的原则：

与事实为友。在麦肯锡，解决问题要依靠事实。相对于那些拥有多年商界经验的高管，咨询顾问缺乏丰富的经验和敏锐的直觉，但他们能掌握的事实可以弥补这种不足。事实也可以在咨询顾问和客户之间搭建起信心的桥梁——使咨询顾问能充分展示自己所知道的内容。或许是因为事实的威力，许多商业人士都畏惧它们，但回避不愉快的事实，最多也只能是拖延时间。

不要接受“我没有想法”这种回答。一个人只要略加探索，总会拿出主意。有针对性地问几个问题，人们所知道的答案会让你吃惊。如果你向某人提出一个问题，他只是回答我没有想法，就要探究一下原因。他们这样回答，很可能是因为没有时间，缺乏安全感，或者更糟糕的情况是根本就懒得回答。你面临的挑战，是弄清对方不愿敞开心扉的原因，并采取相应的策略。

同时还要记住，不接受别人说“我没有想法”，意味着自己也不能说“我没有想法”。只要经过略微的思考和研究，你总能发现自己并非一无所知，或者至少会有所发现。

专题研究的秘诀。麦肯锡将增强研究效果的技巧归结为以下三类：（1）从年度报告着手；（2）寻找异常值；

（3）寻找最佳实践。年报提供了相关公司的丰富信息。一定要阅读向股东发布的信息和 CEO 的报告。异常值分析（通常要借助计算机）是在某家公司找出关键调查机会的工具。这种方法涉及比值，或者说关键指标的计算（如，各地区的人均销售额），特别关注绩效高和绩效低的职员。最后，尽管“最佳实践”（20 世纪 90 年代热门商业术语之一）这种说法可能用得太滥，即便处在不同的行业，大多数公司仍能从竞争对手或其他佼佼者那里有所借鉴。

经验和实例

如何学习麦肯锡在数据收集方面的策略与经验，并将它们运用到自己的组织？许多麦肯锡校友在新的岗位上转变了自己所在企业的数据偏好和寻找事实的方法，通过对他们的访谈，我们明确了做到这种转变的三个途径：

- 对所在组织的数据偏好做出判断

- 证明事实的威力
- 构建适当的基础结构

对所在组织的数据偏好做出判断。公司文化千差万别，公司的“数据偏好”同样如此。麦肯锡建立了以事实为基础的坚实的公司文化。这种文化要求，无论是员工间的交流，还是与客户的沟通，提出的观点都必须有事实做支撑。许多麦肯锡校友在离开公司后惊奇地发现，新加盟的组织竟然缺乏具体的数据分析。史蒂维·麦克尼尔现任北卡罗来纳州 Blue Cross/Blue Shield 公司副总裁，她认为，缺乏事实依据，可能影响有效的决策。她表示：“确切的事实和有效的沟通，能够产生很大威力，当人们在工作中缺乏事实和逻辑基础时尤其如此。”

然而，很难说偏好以事实为基础的文化就是麦肯锡独树一帜的特点。其他公司也能做到，而且对数据的依赖也的确超过了直觉，并且，一些麦肯锡校友还帮助自己的新组织培养了这种文化。加强数据收集的第一步，是客观地评价自己所处的具体环境。例如，你所在公司的文化是否或多或少以事实为基础？同事们是否依据事实提出想法？决策者在解释各种选项的根据时，是否提及证据？当然，公司内部会有差别，但公司的主导倾向，即使不能准确定位，也花不了多长时间就能做出判断。

一旦完成了对自己所在组织的分析，就可以着手矫正所发现的任何不平衡的现象，尤其是你能掌控的部分。从你能影响的领域入手：你的直属下级和所在部门。必要时，可采取从基层做起的方法。当然，如果你拥有足够资源来从头创建一个部门或公司，一开始便可确定以事实为基础的导向。不过，在为自己的组织界定什么才是适当的平衡之前，需要遵循那句老话："认识你自己。"

证明事实的威力。离开麦肯锡后，丹·韦托着手为美国康塞科公司组建战略规划分部。他在事实收集、提炼和沟通方面的技能，赢得了公司内部客户即各分部总裁的尊敬：

我是公司的新人，负责为新组建的部门赢得公司的信任。我希望这个新的战略部门能尽快为整个公司的成功发展做出贡献。这花了几个月的时间，但我成功地与战略业务单元（SBU）的主管们建立了重要的信任关系，而这些主管实际上就是我们的客户。根据在麦肯锡的经验，我的策略，就是让团队利用以前并没有在各分部之间共享的信息，提出以事实为基础的见解。

对数据收集进行更多的思考和投入更多的关注，你就能提出许多令人信服的见解，而这种见解在缺乏数据的情况下可能无法得出。而以事实为依据，你的见解就会令人信服。更多地依靠事实进行分析和建议会使你更具影响力。请以丹·韦托为鉴，广为宣传以事实为基础的见解的威力。

构建适当的基础结构。麦肯锡拥有丰富的数据收集渠道。除了拥有汇集公司内所有研究成果和专家意见的强大数据库外，麦肯锡还聘请了信息专家负责信息库建设，并协助咨询顾问收集数据。在每一个新研究项目启动的第一天，研究目录、专家姓名、“净化”报告[㊀]、行业分析，以及华尔街分析家的报告，都会送达咨询顾问的办公桌。咨询顾问所获得的，不仅仅是大量的信息，而且还是适当的信息。

一位现任某大型金融机构高管的麦肯锡校友承认，大多数公司的数据支持工作，都没有达到麦肯锡所要求的标准：

> 我发现大多数公司在这方面做得少之又少，而且工作也相当分散。我们有公司图书室，但我很想念当初与专家的珍贵交谈，那样的专家既了解业务，又完全明白如何为我指明正确的方向。

我们不会冒险去估算各项数据收集活动所需的确切预算。但可以说，无论如何你也应该比目前多支出一些。在麦肯锡，咨询顾问依靠的是内部报告、行业报告、分析家报告、统计数据等诸如此类的信息。对你所

㊀ “净化”报告是指麦肯锡公司内部共享的、经过编辑的客户文件。为了保密起见，这种报告删除了客户名称，并隐藏了财务等方面的数据。

在的组织来说，最重要的数据来源是什么，这一点应该予以明确，并投入必要的资金来获得这些信息，当然，要在你所在组织的预算范围内。

实施指南

在数据收集中讲究策略，可以显著提高工作效率和增强工作效果。也许下面这个（虚构的）商界以外的例子会有助于说明这一点。

杰瑞和玛丽莲想买一辆新汽车。杰瑞从电视上看到了本田 SUV（多功能越野车）的广告。他喜欢这款车的外形，而且根据经验，知道本田汽车拥有上乘的质量。第二天，他便去经销商店，选中了一款车，它的颜色是玛丽莲喜欢的，下了订单。汽车两周后到货。

玛丽莲有一种预感，觉得杰瑞买车的动作太快了，因为他办事经常凭直觉。由于更喜欢以事实为根据，玛丽莲仔细考虑后决定做些调查。上周末，儿子刚刚帮她装好了高速上网设备，她便上网收集资料，了解消费者的反馈信息（类似线索参见附录 A）。

（根据关键的选择标准，如车内空间、安全性能、油耗等）对不同款型汽车的特征和数据进行比较之后，玛丽莲改变了主意。接着，她收集了有关鱼竿和线轴的一些信息，因为她知道，杰瑞正在考虑为全家的湖滨旅行购买新装备。玛丽莲打印了一些资料，对 4 家不同厂商生产的各种渔具进行了包括价格信息在内的简单的比较。这些鱼竿和线轴的信息深深吸引了杰瑞，于是，他们在网上买了下来。两天后，他问玛丽莲，有没有考虑过对要买的汽车也做做类似的比较。

有力的事实可能在自己公司产生什么样的影响？考虑这个问题时，像玛丽莲那样，试试这种方法，力图提出以前没有的见解（这是进行有效数据收集的目标所在）。根据公司的主要目标，比如盈利能力、销量增长等，花些时间弄清哪些信息是重要的。然后去收集正确的事实，分享你的见解。

在建立以事实为基础的企业文化时，不要试图独立完成。没有充分的专门资源，麦肯锡也成不了研究专家。要投入资金聘请研究专家，充分下放购买有利于内部决策的适当刊物与报告的权力。不过，一定要有所选择。要监控这些资金的使用情况以控制支出，并对其发挥的作用进行评估。当然，这种策略的实施也要因地制宜。与仅有5人的新兴公司相比，大型跨国公司有必要、有能力建立更加复杂的支持系统。记住，你需要的不仅仅是一份预算，还需要恰当的文化要素，其中包括在公司内强化采用事实的动机。本章“知识管理”一节将更详细地讨论这一问题。

最后，鉴于“好”的数据来源的重要性，我们总结了一些当前可公开获取的重要研究工具。表3-1列举了一些重要的搜索引擎及常用信息指南。附录A则一一列举了我们所能找到的大量极有用的数据来源[⊖]。其中一部分包含丰富的通用信息（如美国人口普查局的数据），另一部分则侧重于专门的学科和行业。稍加试用，你就会很快找到能以最便捷的方式向你提供“恰当”信息的来源。切记：质量胜于数量。

⊖ 特别致谢北卡罗来纳大学教堂山分校克南－弗拉格勒商学院信息专家戴维·恩斯特豪森（David Ernsthausen），编纂工作得到了他的协助。注意：尽管这些数据来源在编写本书时（2002年）是准确的，但网址和内容可能会随时改变。

表 3-1　部分公开数据来源

种类	名称	内容	收费状况	网址
搜索引擎	Asianet	950 多个搜索引擎	免费	www.asianet.net/search. html
搜索引擎	Findspot	很棒的搜索引擎指南和搜索协助	免费	www. findspot.com
搜索引擎	Google	搜索方便，号称能搜索超过 13 亿个网页	免费	www.google.com
搜索引擎	Hotbot	1 亿多个网页，全文本	免费	www.hotbot.lycos.com
搜索引擎	Alta Vista	强大的搜索引擎，尤其适用于高级搜索	免费	www. altavista.com
搜索引擎	FAST Search	号称可搜索 5.75 亿个 URLs，提供广泛的网址	免费	www.alltheweb.com
搜索引擎	Yahoo	最老牌的搜索引擎之一，有些商业化	免费	www.yahoo.com
通用信息	Bpubs.com	只能搜索商业出版物	免费	www.bpubs.com
通用信息	ABI/inform Global（博士、硕士论文库）	1000 多家主要杂志发表的文章的摘要及部分全文	视情况而定	订阅信息见：www.proquest.com

（续）

种类	名称	内容	收费状况	网址
通用信息	Academic Universe（学术大全数据库）	通用信息及具体行业和公司信息；主要的新闻报道	视情况而定	订阅信息见：www.lexis-nexis.com
通用信息	ARJ NewsLink	覆盖3400家美国报纸及2 000多家全球各地振纸	免费	ajr.newslink.org/news.html
通用信息	Business & Industry	国际公司的相关事实、数字及重要活动	视情况而定	订阅信息见：www.galegroup.com/welcome.html
通用信息	Business Wire	关于行业和公司的最新商业新闻和信息	免费	www.businesswire.com
通用信息	Dow Jones Interactive	报纸、杂志、期刊及广播媒体的全文，内容广泛	视情况而定	订阅信息见：http://askdj.dowjones.com
通用信息	Individual.com	企业和行业信息可根据你提供的材料定制	免费	www.individual.com

练习

- 审查自己的数据偏好。找出你最近一次重要汇报（给董事会、老板或配偶等）的材料，检查书面材料和笔记，总结出主要论点。在每个论点下面，记录支持该论点的事实。你掌握多少事实？是否有论点缺乏事实支持？如果有，就是危险的信号。根据汇报的性质，每个论点至少应有 3 个有力的事实依据（除非一个事实就能稳操胜券）。
- 为目前面临的某个问题制订一项数据收集计划。工作中主要是哪个问题让你夜不能寐？分析一下。首先，按照第 1 章的方法，提出总体假设。然后，至少提出三个主要的论点，并明确一两个最恰当的事实来证实（或证伪）这个论点。接下来，明确可能适用的信息来源（文件或个人）。这里可能需要你的创造力。

访　谈

要在麦肯锡以外找例子来说明访谈的重要性，我们用不着舍近求远。在撰写本书过程中，我们将访谈作为主要的信息采集方法，发现在麦肯锡学到的访谈技能对我们帮助极大。在与数十位麦肯锡校友进行访谈和向数千位麦肯锡校友发送 E-mail 调查问卷时，我们非常注意确定适当的对象，精心设计访谈提纲和调查问卷，并兢兢业业记录调查结果。然后，我们将访谈内容总结成表，并在全书援引麦肯锡校友的评论。

麦肯锡公司广泛依赖访谈。事实上，访谈已成为每一个麦肯锡项目必不可少的内容。因为，通过访谈不仅可得到主要的数据，还能发现获得第三方数据的重要来源。访谈的价值不仅仅限于数据收集，还可以通过它验证观点，增加被认可的机会（见第 7 章）。现在，我们来回顾一下麦肯锡公司的一些访谈诀窍，明确如何在自己的公司成功应用具体的访谈技巧。

麦肯锡方法

在访谈中，麦肯锡强调要有准备、讲究礼节。

有备而来：写一份访谈提纲。访谈提纲，就是记下你想提的问题，要按照你预定的顺序。之所以需要访谈提纲，原因有二：首先，将想法付诸笔头，迫使你对它们进行梳理；其次，有助于被访对象把握你将在访谈中涉及的话题，并做相应准备。

访谈提纲应简明扼要。尽量压缩成三四个最重要的问题。你的目标，应是让被访者在有限的时间内回答完这些问题，再多就多余了。另外，结束时别忘了麦肯锡人爱问的那个问题："有没有什么我忘问了？"这句话时不时会挖出宝贵的信息。

访谈中要注意倾听和引导。访谈要严谨、敏感。要积极倾听，用点头、感叹词、麦肯锡式的"咕噜"（"啊哈，啊哈"）来表达对被访者的认同，这一点非常重要，但也不要忽视沉默的价值。要积极使用肢体语言。不要让被访者脱离主题，甚至离题太远，要礼貌而果断地让他们回到正题。

访谈成功的七个秘诀。麦肯锡咨询顾问有许多有效的访谈策略：

- 让被访者的上司安排会面
- 两人一组进行访谈
- 倾听，不要引导
- 复述，复述，还是复述
- 善用旁敲侧击法
- 切勿问得太多
- 采用“哥伦波策略”

除了最后一条需要解释，这些策略的含义大多显而易见。哥伦波是20世纪70年代美国电视剧中的神探，由彼得·福克（Peter Falk）扮演。在结束了对犯罪嫌疑人的讯问后，他常常会在门边逗留一下，然后又提出一个问题——往往击中要害。这种战术屡试不爽，原因在于：犯罪嫌疑人往往在这时放松警惕，吐露出事实真相。如果觉得某个被访者对你有所隐瞒，不妨试试这种方法。谁知道，也许就这样搞定了呢！

尊重被访者的感受。有些人在访谈时会有压力，觉得不自在。作为访谈人员，你有责任顾及被访者的顾虑。要与被访者建立融洽的关系，才能从他们那里得到所需要的信息。不要把被访者榨干，以免他们事后感到懊悔不已。相反，应该花些时间解释他们所提供的信息可能产生的积极影响，以及你们谈话的主要目的，还应提供一些有益的信息作为交换。相对于被访者而言，访谈者往往处于有利的位置，你应机智地利用这种优势。

棘手的访谈。无论准备得多么充分，表现得多么周到，你总会碰到“不好对付”的被访者。这种人可能对事物有自己的看法，但就是绝不配合。如果被访者态度强硬，你也得强硬，只是，但愿你不要压不住对方。

这种人就像“暗藏包袱”一般，他们有意扣留关键信息；一个“包袱”就是前进道路上的一块绊脚石，因此，最简便的方法，是转向其他的信息源。当然，如果你有适当的“重型装备”，就干脆铲除它们。

然而，最棘手的被访者，却是在解决问题过程中工作受到切实威胁的那些人。他们可能因此被解雇，而你又对此心知肚明。遗憾的是，这种情况下，没有什么捷径；你只得维护公司的整体利益。

一定要写感谢信。写信表示感谢，不仅是一种礼节，也是工作的需要。它可能真的会帮助你建立起一种关系，在未来带给你回报。设想一下，如果出乎意料地收到一封感谢信，你的心情会是多么愉快。许多人需要抵制诱惑，才能做到不理睬这种礼节，因为，如今我们的步履是如此匆匆，在经济高速发展的新世界，在拥有有线和无线网络的今天，尤其如此。花点时间闻闻玫瑰的芳香，别忘了感谢送花人。

经验和实例

你可能没有明确意识到，其实你每天都在访谈不同的人。他们可能是你的顾客、同事，甚至是竞争对手。考虑一下，那些掌握着你正解决的问题的重要数据和相关信息的人，你与他们交流了多少次？那么，究竟什么是访谈？其实不过就是两人或多人为了获取具体信息而展开的讨论，只是通常比较正式。

咨询顾问，特别是麦肯锡的咨询顾问，对访谈都极其重视。他们花费大量时间、精力准备访谈，通过访谈获取信息。你也该如此。

在与麦肯锡校友的讨论中，我们证实，麦肯锡的访谈技巧在其他组织中同样适用。不过，离开了麦肯锡，背景便有所不同。麦肯锡式的访谈，堪称每一个项目的标准操作流程，而且刻意保持一致性（以致有专门的 MS Word 模板来总结调查结果）。而在其他商业环境中，对访谈的态度则不尽相同。结果，访谈往往既不正规，准备也很不充分，又缺乏持续性。麦肯锡校友给我们讲述了自己的经历，介绍了自己如何通过访谈增强数据收集的效果，此外，他们还协助我们明确了在职业生涯中最充分利用访谈的途径：

- 访谈要系统
- 注意倾听

● 要敏感

访谈要系统。截至目前，你可能已经感觉到，我们倡导的是一种符合逻辑、有条理、系统化的解决问题的方法。这也许就是麦肯锡培养、塑造、培训咨询顾问的基本方向。由于本书的两位作者都已离开麦肯锡，因而也逐渐体会到工作环境的些许变化，特别是正式程度的差异。尽管如此，在访谈过程中，我们强烈建议，即使不够正式，也要坚持前文所述的系统化和基本规则，从访谈提纲开始做起。一位就职于某大型金融机构的麦肯锡校友强调：

> 无论是与内部同事交谈，还是会见外部客户，我总是写出谈话提纲。我（的提纲）通常有四五个希望深究的深层次问题。我认为，这对于在交谈前弄清自己想要达到的目的极为重要。

虽然访谈的背景（如相互的关系、目标、基调）可以千差万别，但某些要素是一样的。麦肯锡的咨询顾问很早就掌握了这点，并学会了反反复复运用相同的模式（如果这种模式没有被打破，就不要修改它）。事实上，没必要开发出过于详尽、耗费时日的模式。

本章附上本书写作过程中收集信息所使用的一些访谈提纲。我们草拟了两份访谈提纲：一份是通过电子邮件发送给数千名麦肯锡校友的调查问卷；另一份是与数十位校友面谈的提纲。电子邮件调查问卷（见表 3-2）的主要目的，是引导对方回答提纲中的主要问题，分享他们离开麦肯锡后的经验。注意，它比面谈的提纲篇幅要长一些，内容更具体一些。同时，我们还发送了一份得体的信函，进行自我介绍、项目描述并说明主要目的。面谈提纲（见表 3-3）大体上采用同样的格式，但更灵活些，被访者不必拘泥，可以更自由地回答问题。我们尽可能简化，突出自己想要了解的关键要点。这样，既能使访谈顺利开展，又能始终抓住重点。

除非你真的想给被访者来个出其不意，否则就应事先与他们就访谈提纲进行沟通。访谈期间一定要做记录，并在事后整理清楚。

表 3-2 《麦肯锡意识》的调查问卷

感谢您抽时间完成这份问卷。请您将答卷用电子邮件发送给保罗·弗里嘉。

您的姓名、公司名称、职位或职业？________________

____

您从麦肯锡吸取的最重要经验是什么？它是如何影响您目前的工作的？________________

____

____

在下面各项中，我们列举了在麦肯锡学到的一系列工具。请针对每一项，考虑自己在麦肯锡学到了什么，并举例说明您在离开麦肯锡后如何将它们运用到自己的企业。________________

____

界定问题：麦肯锡人细分问题的各种技巧和技能，如初始假设、头脑风暴及以前项目中的分析框架。________________

____

收集数据：收集和管理数据以验证假设的技能，比如，访谈、网络搜索。________________

____

分析数据：麦肯锡用来从数据中得出有用结论的各种方法。如二八法则、不要妄想烧干大海。________________

____

____

汇报观点：表达和传递信息的技能和诀窍，可以是正式递交的蓝皮书，也可以是与客户团队召开的非正式会议，如"简单为上：一图明一事""电梯法则"，以及始终不可忽视的事先沟通。

____

____

（续）

团队管理：麦肯锡团队负责人用来（有时不用）保持团队工作效果的技能，包括选择成员、内部沟通、团队团结。________

____

客户管理：获得客户支持的重要技能。包括宣传您的调查研究成果，系统安排项目及管理客户团队。________________

____

自我管理：在麦肯锡的工作任务很重。我们大多数人都成功地找到了协调工作与生活的途径。比如，处理好所有人的预期，处理好与老板的关系，以及处理好与“其他关系密切的人”的关系。________________________________

____

在将麦肯锡方法运用到自己企业的过程中，您遇到了哪些问题？________________________________

____

您是否愿意接受我们简短的电话访谈或面谈？如果愿意，请告诉我们您的联系方式。

____

关于麦肯锡，我们是否遗漏了什么问题？您的回答是什么？

如果本书中引用了您的事例，我们会赠送您一本书并附上签名；如果您未要求匿名，我们还将在书中向您致谢。__________

____

您的通信地址是：

____

如果我们在书中援引您的事例，您是否希望匿名？______是________否

如果我们在书中援引您的事例，您是否愿意在致谢中被提及？________是________否

表 3-3 《麦肯锡意识》面谈提纲

1. 您在新岗位最为成功地运用在麦肯锡学到的工具或技能是哪一次？具体背景如何？您是如何运用的？

2. 在下面各项中，我们列举了在麦肯锡学到的一系列工具。请针对每一项，考虑自己在麦肯锡学到了什么，并举例说明您在离开麦肯锡后如何将它们运用到自己的企业，包括具体的工具 / 技能 / 策略、背景、运用情况、反馈及成功情况。

界定问题：麦肯锡人细分问题的各种技巧和技能，如初始假设、头脑风暴及以前项目中的分析框架。

收集数据：收集和管理数据以验证假设的技能，比如，访谈、网络搜索。

分析数据：麦肯锡用来从数据中得出有用结论的各种方法。如二八法则、不要妄想烧干大海。

汇报观点：表达和传递信息的技能和诀窍，可以是正式递交的蓝皮书，也可以是与客户团队召开的非正式会议，如“简单为上：一图明一事”“电梯法则”，以及始终不可忽视的事先沟通。

团队管理：麦肯锡团队负责人用来（有时不用）保持团队工作效果的技能，包括选择成员、内部沟通、团队团结。

客户管理：获得客户支持的重要技能。包括宣传您的调查研究成果，系统安排项目及管理客户团队。

自我管理：在麦肯锡的工作任务很重。我们大多数人都成功地找到了协调工作与生活的途径，比如，处理好所有人的预期，处理好与老板的关系，以及处理好与“其他关系密切的人”的关系。

关于麦肯锡，我们是否遗漏了什么问题？您的回答是什么？

注意倾听。1997 年离开麦肯锡后，迪恩 · 多尔曼在通用电气工作了一年，直接受加里 · 莱维（Gary Leiver）领导，随后跳槽到一家新兴电子商务公司。如今，他是银橡树公司（Silver Oak）的总裁兼首席运营官，这是一家为杠杆收购行业提供战略外购（Strategic Sourcing）服务的公司。迪恩责任心极强，从不失言，但即便这样，他仍然认为，倾听，对当代商界领导人来说非常重要。

在担任银橡树公司总裁之前，我在咨询委员会工作了一年。当时，我关注的是公司管理层的计划。我还做了自己的假设，对公司提升业绩水平所需要的工作提出建议。就任总裁后，我的第一项任务，就是用所谓的“看、听、学”方式来检验各种假设。在前6周，我会见了所有职能部门和研发部门的领导，单独和每个人进行了两三个小时的谈话。

刚刚加入某家公司之际，像迪恩那样善于倾听显然获益颇多，但倾听不仅仅适用于新人。卓有成效的管理者总是将大部分时间用来倾听。遗憾的是，我们的正规教育系统几乎没有如何倾听方面的训练。很多人都是在艰难摸索。你能运用于实际工作中的一项麦肯锡的重要经验，便是认识倾听的重要性，增加倾听的时间（恰当的对象、恰当的主题），更积极主动地倾听。

所谓积极主动的倾听，就是有效利用语言和非语言信号，鼓励和引导被访者进行回应。在访谈过程中，点头、交叉手臂和面部表情所起到的作用，超出了你的想象。如果你真的在集中精力进行访谈，这些动作会自然流露。不过，如果你感到有些强人所难，访谈就该大概提早 15 分钟结束。

要敏感。离开麦肯锡后，麦肯锡校友在运用访谈技术中了解到，这一点至关重要。某些人把访谈者当成可以榨干的信息源，我们认为这是错误的。建议采取另一种策略。应力求与被访者建立良好的关系，把访谈作为结交新人的机会，并积极让被访者参与解决问题。访谈是一种双向交流，而不仅仅是单向的信息传递。如果在访谈过程中，能让被访者成为你的合作伙伴，就能够建立起这样的关系。

在实际访谈中，开局至关重要，它为你们接下来的访谈定下了基调。麦肯锡的咨询顾问懂得，不要一开始就问敏感问题。这需要事先考虑，以便确定哪些是“敏感”问题。例如，如果你正在参与某个削减成本的项目，而该项目可能涉及裁员，那么，你最好不要一上来就问对方在现任岗位做了多少年，也不要问对方对公司的盈利究竟有多少贡献。弗朗西斯卡 · 布洛克特是美国最大玩具零售商玩具反斗城（Toys“R”Us）负责战略规划与业务发展的高级副总裁，她把这种思想融入到了自己的工作之中。

我认为，在麦肯锡学到的最重要的访谈技巧，就是不从敏感的问题入手。我经常利用这种技巧来发展在部门内和整个公司内的关系。现在它可能已经深入我的骨髓。

记住，人人都有自己的盘算。你每天面对的每一个人（雇员、顾客、竞争对手），都有自己的想法。它代表着每个人内心的一系列目标，也许正希望通过你来完成或促成。个人的盘算不时会有冲突，作为访谈人员，你的任务就是要预见到这种情形并有所规划。例如，也许你能够协助某名受访者完成目标（条件是其目标与你的并不冲突）。至少，应对被访者的情况表示同情，并避免提出可能引起不必要的摩擦的问题。

实施指南

谈到如何实施，我们首先简要介绍麦肯锡咨询顾问接受的人际技能培训。每一名咨询顾问工作满一年后，都要被派遣参加人际交往技能培训班，地点通常在德国或英国某个风景优美的乡村。培训班为期一周，安排紧凑，富有启发性，会细致地分析每名参训人员的人际交往能力。

就是在德国著名的黑森林开设的一次培训班中，本书作者之一保罗曾大开眼界。反思自己短短的职业生涯，他认识到，自己是如此过分关注目标的设定与实现，以至于只看重最终结果。最终结果之外的一切，他都视而不见；他忘记了，除了目的地，还有旅程。我们相信，任务的完成，必须与过程相互平衡；也就是说，你在完成任务的过程中，不应影响到他人的利益。访谈同样如此，双方之间的关系至关重要。好好考虑一下自己的方式，必要时要提高自己的能力。

全面检查自己的日程表，抓住一切机会从他人那里获得重要信息，明确应如何与这些人建立良好的关系。你是否做好了充分利用这些机会的准备？你是否整理了所有掌握的东西以免忘记？在全面考虑日程的过程中，要多听少说。

看了上面的建议，也许你希望得到的不是这么笼统的东西，而是更具体的建议，那就让我们转入结构问题吧。在本节前文，我们曾讨论了访谈提纲，并给出了一些实例。然而，结构并不仅仅是形成访谈提纲。关于访谈流程，还有两个环节：访谈前的交流和访谈后的跟踪。

你应该在访谈前及早把访谈提纲（或经过修改的提纲）送达被访者。如果不止提前一周送达，在确认访谈时间时可以再送一份提纲。这样，被访者就可以准备如何回答，确定还可以提供哪些支持，这将对你的工作大有帮助。要讲究礼节，因为，我们得承认，大多数人都不喜欢被突然袭击。当然，有时也可以违反这条规则，比如说，在政治性的访谈中，你可能不希望对方做好准备，以防被抵触或欺骗。不过，总的说来，这应该是标准的访谈流程。一位现任德国政府高官的麦肯锡校友就详细讲述了事前发送提纲、事后跟踪的益处。

在项目早期阶段，我会进行广泛的谈话，以明确假设，确定相关的资料需求，并获得认可。我们拟定访谈提纲，提前发给被访者，使他们有时间准备并查阅尚未掌握的信息。访谈结束之后，我们会整理访谈记录，反馈给被访者，以确保我们正确地理解了被访者……还要修正存在的任何误解。

事后跟踪同样可以增加访谈的价值。这不仅有机会确认访谈中所听到的内容，而且还能确保你正确理解被访者的意思。早些澄清这些问题要好得多，因为错误会随着时间的推移被放大（还记得校园里“打电话”的游戏吗？就是大家围成一圈，向另一个人耳语一句话，传到最后，这句话就变得面目全非了）。另外，如前所述，不要忘了寄出最重要的感谢信，而这也是最容易被遗忘的。

最后，我们来谈谈敏感性这个话题。正确的访谈开端，应语速缓慢，语调温和。一般来说，保险的做法是先笼统地介绍你正在努力完成什么任务，以及采访对方的原因。考虑一句让对话顺利进行的开场白，但要避免说“天气不错，是吗”这类陈词滥调，而是要尽量与被访者及其行为产生共鸣。比如，“我觉得，凭我的眼光根本发现不了有瑕疵的装饰品（Widget），你的眼光得有多锐利，才能做这样的工作？”虽然方式要随机应变，但我们仍建议，在提出敏感话题之前，要先进行沟通。

练习

- 撰写访谈提纲。首先，确定你的下一次重要访谈。然后，列举出你希望达到的目标或想得到的关键信息。（根据第 1 章和第 2 章所述，先提出假设。）再进行简化。必要时要合并，并剔除无关的内容。最后，应只剩下两三个主要的访谈目标。现在，围绕关键的问题，合理安排访谈提纲。不要忘了考虑被访者的想法，当心敏感问题。至少提前两天将访谈提纲送达被访者。

- 写一封感谢信。这并不复杂，仅仅是练习。感谢信既可用美观的传统手写体，也可是打印格式。如果感觉不错，就再写一封吧！

知识管理

现在，让我们谈谈知识管理。这是当今最热门的商界用语之一，也是最不为人所理解的用语之一。根据《商业周刊》最近的一项调查，在158家大型跨国公司中，80%已经拥有或正在积极建立正规的知识管理体系。[1] 长期以来，麦肯锡被公认为知识管理领域的先导，在如何进行正规的知识管理方面，可以为其他组织提供大量借鉴。

[1] 尼尔·格罗斯（Neil Gross），《挖出公司的天才矿脉》（*Mining a Company's Mother Lode of Talent*），《商业周刊》，2000年8月28日，第135～137页。

什么是知识管理？首先，我们要告诉你，知识不是数据和信息。数据是事实，是观测结果，是具体数字。信息是对数据的收集和综合。而知识，则是对信息、经验和背景的增值整合。这一过程始于人的大脑（这时，我们称之为“未编码”知识），然后，通过口头讨论或书面文件的形式与他人分享（这时，称之为“已编码”知识）。知识管理是一个系统过程，是公司最大限度发挥“未编码”和“已编码”知识的价值的过程。一般而言，这意味着“已编码”知识已被纳入数据库或文档。

许多高管和专家将知识管理的重点放在编码策略上，其中包括技术平台。我们认为，即使是最好的知识管理技术，也只能管理公司内真正知识的一小部分。因此，如果要提炼出宝贵的经验和真正成功的策略，必须超越技术。

麦肯锡校友比尔·罗斯目前任GE运输系统集团的业务发展经理，他在评价自己公司的知识管理时说：

我很幸运，曾在一个像麦肯锡那样重视知识的公司工作。通用电气是一个学习型企业，这方面的主导人物是杰克·韦尔奇。实际上，可以说，通用电气取得巨大成功的核心，就是具备知识管理的能力。

无论公司内外，每一个人都很重视最佳实践。各部门和专门团体（如服务理事会）之间，有定期交流，我们要随时了解每个人的主要项目。我们并不依靠大型数据库，因为更新起来太费事。而是通过经常性的碰头来做到这点，如每季度召开跨部门会议共同讨论最佳实践。这样做，既及时，效果又很好。

知识管理，就是要利用所掌握的知识，最大限度实现公司价值。我们相信，知识的管理非常重要，而且其作用取决于投入的时间与精力，麦肯锡就是这样。本节，我们将概述麦肯锡的知识管理策略，并与读者分享其他组织在这方面的建议与经历。

麦肯锡方法

关于知识管理，麦肯锡的核心原则是：不要做重复劳动（Don't reinvent the wheel）。

利用前辈经验，不要做重复劳动（第二部分）。无论你遇到什么样的问题，很可能某人在某地曾经处理过类似问题。麦肯锡了解保留和利用这种经验的价值，并不遗余力地进行整理。公司有两个主要的数据库。一个被称为 PD-Net，包括以前撰写和“净化”的、供公司咨询顾问共享的报告，可以把它看作“内容”数据库；另一个是不同行业、不同领域的麦肯锡专家名录，可以称为“人物”数据库。这两个数据库的用户都可根据行业、时间、专家、办公室或若干其他标准对数据进行分类检索。

经验与实例

与众多其他公司一样，麦肯锡的业务就是出售知识。它面临的挑战，是如何利用已知的知识，包括未编码知识和已编码知识。

我们跳出技术的局限，来全面看待知识管理。我们推荐使用图 3-1（与英文原文表示有所不同）的框架

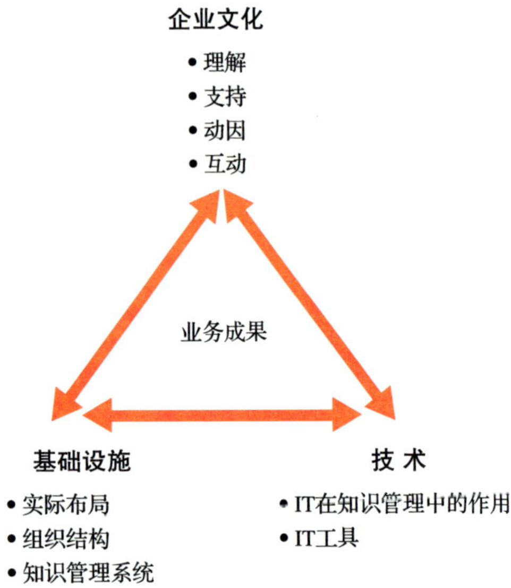

图 3-1 知识管理框架

来说明知识管理的几个关键要素[⊖]。企业文化，反映企业员工对知识管理的理解，对共享知识的支持与动因，以及部门间的共享、互动。在麦肯锡，知识管理战略得到了充分理解，所有员工都要进行知识共享，并从中获

⊖ This framework originally appeared in Armbrecht, Chapas, Chappelow, Farris, Friga, et al. " Knowledge Management in Research and Development, " *Research and Technology Management* (July/August 2001), pp.28~48.

益。基础设施涉及各办公室和各部门的布局、组织结构以及知识管理计划本身（包括知识管理人员）。以麦肯锡的知识管理基础设施为例，它在每一个办公室都拥有广泛的信息专业人士网络，对于努力跟上新领域、新行业发展的团队，能够迅速提供援助。其他组织，也已开始在知识管理方面投入类似资源。最后，技术体现了公司对知识进行最有效处理和共享的具体战略。公司内联网是最常用的知识管理技术平台之一。不论采用何种技术平台，保持信息的及时性、高质量，始终是一种挑战。图 3-1 的三角形中心区域是“业务成果”，它提示我们，评判知识管理的标准，是它对企业盈利状况的影响。我们利用这个框架来解释与麦肯锡校友进行访谈的结果，并就知识管理总结了以下几条实施经验：

- 培养快速反应的企业文化
- 获取外部知识
- 控制输入的质量：输出质量取决于输入质量

培养快速反应的企业文化。企业文化难以改变，但极为重要。所谓企业文化，是员工对企业及其活动和进程、企业的激励机制、员工之间的日常交往等的共同价值观和看法。例如正式程度（如是否互相直呼其名、服装要求），同事间表现出的相互尊重的程度，以及社交活动的数量。又如，雇员对同事提出的数据要求的反应速度，这在麦肯锡知识管理体系和数据收集活动中极其重要。如果不能获得其他人头脑中的“未编码”知识，就难以运行有效的知识管理体系。快速反应的企业文化，可助你最大限度获得这种知识。

脉冲医疗器械公司（Pulse Medical Instruments）是一家小型高科技企业，其执行副总裁拉里·鲁维拉斯就十分怀念麦肯锡在这方面的企业文化。

麦肯锡在反应方面有一条规矩：无论是什么人，甚至是最初级的咨询顾问，向全球任何地方的同事打了电话，都会在24时内得到答复。这对于总体指导以及数据收集大有裨益。其他地方就不是这样，尽管我一直在自己的公司努力推行。

获取外部知识。知识既可以在内部生成，也可以从外部获取。内部知识的产生，需要通过口头讨论或书面文件的形式向雇员传播信息，这是麦肯锡知识管理战略的重要内容。而外部知识也同样重要。如前所述，为了获取公司内外的最新思想，麦肯锡可谓不惜重金。每个项目的启动，都要查阅内部相关资料和外部出版物，并确定哪些行业专家可能会有所贡献。

这在其他企业同样适用。杰克·韦尔奇就随时从外部搜罗最佳点子并带到通用电气。有时，外部专家可以是咨询公司。科凯国际零售银行业务分部前主席、现任 EmployOn 公司总裁兼 CEO 吉姆·班尼特便如是说：

> 我总是寻找最合适的人选。在解决棘手的商业问题时，你需要找到最合适的人选，无论是来自内部，还是外部。我会寻找一流的人才，曾经用过麦肯锡、德勤等公司的员工。对于反对聘用咨询顾问或外部人才的公司来说，这有些匪夷所思。

在征求最恰当的外部意见时，我们建议，应寻求真正的专家，这样的专家应能提供多方位的建议，能准确把握参与时机，并参与各项活动。为了确保你能利用现有知识和最新知识，最后一条尤为重要。

控制输入的质量：输出质量取决于输入质量。“输出质量取决于输入质量”，是计算机程序员爱说的一句老话。要开发出富有意义的知识管理“编码”体系，最大的挑战之一，就是确保获得准确而及时的数据。20 世纪 90 年代中期，许多公司试图建立集数据库、内容仓库和专家索引为一体的复杂的知识管理系统。但多数系统在未能为公司创造价值前就偃旗息鼓了，原因在于，如通用电气的比尔·罗斯所述，系统中的信息要么不准确，要么已过时。

知识管理系统中的内容，应确保那些对主题事务缺乏直接了解的人能够看懂。此外，还要确保能够根据关键词或其他搜索方法检索任何文件。记住，没有恰当的激励措施和专门的资源，知识管理系统将变成“垃圾”。

实施指南

麦肯锡的知识管理，远远超越了高级数据库和知识编码战略，你也应做到。麦肯锡的企业文化，是围绕知识共享发展起来的。例如，公司里有一条不成文的规定，所有员工都必须在 24 小时内对其他同事的电话进行回复。本书的两名作者在很早的一个项目中就学会了这点，当时，我们曾向多名专家请教，是他们为我们指引正确的方向，使我们避免在搜索信息上浪费时间。

通过讨论来传递知识，是麦肯锡知识管理的又一重要内容。公司采取了知识共享的激励措施。例如对咨询顾问的绩效考评，就要考察本人对他人的支持和培养。麦肯锡定期举行“实践竞赛”[1]。竞赛中，各级别的咨询顾问临时组成团队，共同总结解决某个商业问题的心得，通常是他们近期完成的某项工作所涉及的领域。在

[1] 在麦肯锡，“实践竞赛”是指咨询顾问参加的各种行业和职能小组之间的竞赛。行业小组涵盖银行、能源、媒体等；职能小组包括信息系统、物流、公司财务等。

这项特别的活动中，麦肯锡投入大量经费，又颁奖，又刊发业务通信，为参赛人员批假，且全额报销外地参赛费用。在当地参赛的团队，还能根据其观点的价值及对公司知识的贡献，赴澳大利亚或夏威夷等地度假。

在建立知识管理文化时，整个组织都必须参与进来，仅有局部的努力是不够的。这意味着，必须得到最高层的支持和持之以恒的执行。对小公司来说，这一点可能更容易做到，但对于像埃森哲（前身为安达信咨询公司）这样的大型公司来说，这一点也同样重要，正如公司合伙人之一杰夫·坂口所言：

> 在这里，公司的反应能力总是给我留下深刻的印象。我发现，大伙的反应速度甚至比麦肯锡还要快。秘诀在于，这种反应能力必须来自董事会，并且是一致的快速反应。这可以与联邦快递相媲美。在联邦快递，90% 按时抵达不值一提，而 98% 才是积极的突破。

这种反应速度也许难以实现，不过，它所产生的效果却值得去努力。

练习

- 检查知识管理情况。利用图 3-1 所示知识管理框架，分析你所在公司在文化、基础设施及技术方面的表现。例如，公司是否具备浓厚的知识管理文化？这种文化是否得到恰当的理解并得到最高管理层的支持？是否具有促进利用知识和加强员工积极交流的激励措施？用 1～5 分（最坏到最好）来评定每一项的表现，然后努力找出改进机会。
- 给最重要的知识管理人员写一份备忘录。这项练习的第一步，是确定知识管理的负责人。可能是首席知识官（CKO）、首席执行官（CEO）、IT 主管，也可能是人力资源主管。一旦确定，就撰写一份简要备忘录，索要与上述练习中提及的问题相关的信息。在得到回应后，才进行评价，提出建议。每个组织都有知识管理的需求，而组织中的每一个人都应该懂得知识管理，不过，这需要时日（有些情况下还需要敏锐的感觉）。

结　　论

现在，你已了解了奇妙而广阔的数据收集天地。本章的目标，就是帮助你借助数据收集来实现增值。很多组织耗费了太多的精力来收集错误的数据，太多的决策缺乏充分的数据支持。通过本章，我们希望你能学会如何更加有效地收集数据，并掌握一些专门的工具。祝你成功！

· 第 4 章 ·

解释结果

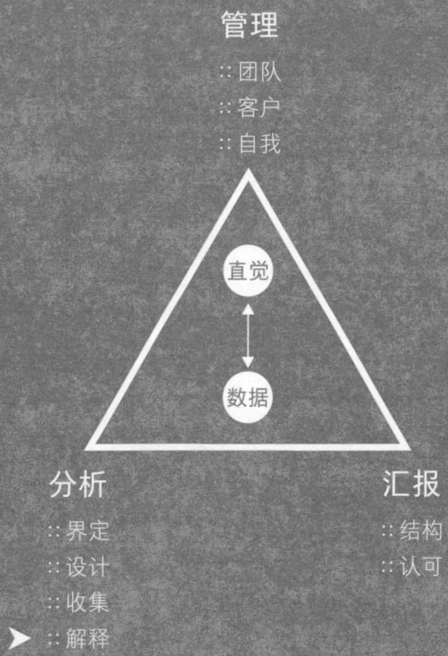

在本书前三章，我们介绍了初始假设的建立、分析计划的制订以及开展分析所需数据的收集。从多种意义来说，这些均属于麦肯锡解决问题流程中较容易的内容。现在该涉及较困难的部分了，即弄清数据的含义。

毕竟，假设是需要证实或证伪的，而数据本身并不会说话。这就需要你和你的团队利用这些事实得出见解，从而提升组织的价值。庞大的电子数据表和三维动画饼形图本身并没有什么意义，除非你能明白，这些分析意味着应采取什么行动，对组织有什么价值。麦肯锡咨询顾问懂得，期限到来之际，客户不会为花哨的文件和精美的幻灯片付费，只会花钱购买能使企业增值的建议。从麦肯锡跳槽到竞争对手埃森哲咨询公司的杰夫·坂口回忆道：

> 咨询并不仅仅是研究和分析，而是研究、分析和提出见解。麦肯锡非常重视见解的提出，尤其是对客户具有重大影响的见解。引以为豪的是，自进入埃森哲以来，我就着手调整对战略咨询顾问的培训，向我们的团队阐明这种思维方式，并使之成为咨询顾问绩效评估的明确内容。

本章我们将介绍麦肯锡人如何从分析中得出结论，如何将这些结论转变为对客户有用的建议，以及你怎样在自己的公司内如法炮制。我们分两部分解释分析结果：首先是理解数据的过程，即（根据自己的理解或团队的意见）总结出各项数据告诉了我们什么，并以此为据确定你应采取的步骤；接下来，是将你的发现提炼成以外部为导向的最终成果，即你的组织或客户应采取的一系列行动。

理解数据

在收集完所有的数据，完成所有的访谈之后，便会有一大堆事实需要筛选。你的工作，就是“从麦壳里挑选出麦子”，剔除不相关的东西，留下确实能证实或证伪你的假设的数据，然后总结出这些数据告诉了我们什么。这不仅仅需要具备理解能力，明白各项分析的意义，还需要具备丰富的想象力，把互不相干的事实连贯成有机的整体。这并非易事，一位麦肯锡校友曾坦言：“收集和整理数据比思考要容易得多”。

数据分析采用什么技术，因分析内容、所在公司及所处行业的不同而有所不同。本节，我们将不演示具体的分析，而是阐述如何提取（不论用何种分析方法得出的）结果，并将这些分析结果进行提炼，从而使你能做出非常重要的决策。

约吉·贝拉[一]有一句名言，“如果你在路上遇见了

[一] Yogi Berra，美国著名棒球明星，晚年成为作家和哲学家。——译者注

一把叉子，就把它捡起来”。在解决问题的过程中，到了这里，你便在路上遇到了一把叉子；分析的结果，可能会把你带往两个方向。如果通过分析，证实了你的假设，你就可以进入本章下一节，弄清你所掌握的数据意味着应采取什么样的行动。而如果通过分析，证伪了你的假设，就需要重新建立与数据相符的初始假设，使之切合数据。这或许需要再进行分析，或许不需要。我们将在麦肯锡校友的帮助下，告诉你如何选择方向。

麦肯锡方法

在日常数据分析中，麦肯锡人使用以下原则：

二八法则。二八法则是商界的一大真理。这是一种粗略的估计法则，是指 80% 的效果产生于 20% 的分析样本。这一法则可追溯到意大利经济学家维尔弗雷多·帕累托（Vilfredo Pareto）。他在研究意大利经济状况时发现，20% 的人口占有 80% 的土地。后来在花园劳作时，他又发现，大约 80% 的豌豆产自于 20% 的植株。根据以上观察及其他调查，帕累托发现，对于任何系列的研究要素，往往一小部分要素产生了大部分的效果。后来，帕累托的发现便被归纳为“二八法则”。

尽管二八法则诞生之际，麦肯锡公司远未创立，但这一法则，却是公司咨询顾问赖以生存的法宝。如果你留心一下自己公司中的各种数字，几乎总会发现符合二八法则的实例。例如，80% 的销售额来自 20% 的销售队伍，20% 的员工创造了 80% 的利润，20% 的工作占用了你 80% 的时间。

二八法则是一条完全有关数据的原则。当你在计算机上进行数据密集型分析时，稍微倒腾一下这些数据，用各种不同的方式将其分类。一旦发现适用二八法则，就应找找其中蕴含着什么样的机会。如果 80% 的销售额来自 20% 的销售队伍，那么，这 20% 的销售队伍哪些方面做得不错？如何提高另外 80% 员工的工作效率？是否真的需要保留这 80% 的员工？你会发现，二八法则大有帮助。

每天绘制一张图表。每天工作结束之际，问问自己：“今天我学到的最重要的三样东西是什么？”离开办公桌之前，花半个小时将它们记在纸上——不需要详细，只要画张草图或简单记上几条。这将有助于推动你思考。一旦勾画出图表，无论是否会使用，你都不会遗忘。否则，早上产生的灵感，说不定到晚上锁办公桌时就忘在脑后了。

不要寻找事实去支撑你的提案。你和你的团队也许提出了一个非常精彩的假设，但是在验证其真伪时，要做好准备：事实和分析可能会证明你们错了。如果事实与假设不符，则必须修改的是你的假设，而非事实。

经验和实例

在对分析进行解释时，有两个同样重要的目标：既要迅速，又要准确。显然，这两个目标有时会相互冲突。如果区分正确与错误的答案只需要多用一天的时间，这是值得的。然而，正如我们在第 2 章所讨论的那样，多花一周时间来将小数点位置从三位精确到四位，可能就没什么意义了。

通过对麦肯锡校友的调查，我们得出了有关数据解释的如下结论：

- 总是追问："'那又怎样'是什么？"
- 进行全面检查
- 切记分析也有局限性

总是追问："'那又怎样'是什么？" 在制订分析计划时（如第 2 章所述），你需要剔除那些无助于进一步证实或证伪初始假设的任何分析，无论这些分析多么机智，多么有趣。不过，无论你的工作计划多么完美，一旦收集完数据，琢磨过数字，分析完访谈，你就必须进入下一个筛选阶段。某些结果很可能被证明是条死胡同：尽管既不乏有趣的事实，也有精美的图表，但却无助于你接近解决方案。你的工作，就是要剔除不相干的东西。

在麦肯锡，这项工作有一条捷径，那就是询问团队中的某个人，通常是项目经理，某个具体分析中的"'那又怎样'是什么？"。它告诉我们什么？有什么用处？它能引出怎样的建议？咨询顾问的职责，并不是绘制精美的图画，客户花费重金要购买的也不在此。杰夫 · 坂口便在麦肯锡领悟到了这一点，他到了埃森哲公司后仍继续倡导。

咨询不是分析，而是提出见解。如果不能从已做的工作中提出见解，便是浪费时间。仅仅是为了琢磨数字而琢磨数字，为了绘制图表而绘制图表，将无济于事，除非能从中得出一些真知灼见或重要发现，让你的团队和客户说："嗯，有意思。"

咨询顾问必须能够提取互不相干的信息，经过提炼，拿出能够解决客户问题的见解。当每一个分析都通过"那又怎样"的检验时，咨询顾问就能提出最恰当的见解。

进行全面检查。显然，我们都希望尽可能精确，但是作为团队主管，你也许没有时间去仔细检查团队所做的每一项分析。但是，只要有人向你提出新建议，你都可进行快速的全面检查，确保其提议至少貌似合理。全面检查（Sanity Check）类似于第 1 章介绍的"QDT"

方法，能使你迅速明确某项分析是否至少属于可行范围。全面检查包含几个关键问题，对这些问题的回答，可以表明某项建议是否可行，是否会对组织产生显著影响。

不同情况下，关键问题各不相同。下文引用了麦肯锡校友的谈话作为例子。

我能够应用一些现成易用的程序，如 MS Access，来迅速推翻某种错误的意见。比如，一名员工就曾设想，我们应根据最低而非最高库存水平，来要求某种商品是否该返回仓库。我花了两分钟对这个想法进行了检验，结论是，预计的 40 万美元回报仅有 4000 美元。这不值得让我们花费一周时间，去重新打印和发送有关各家商店应遵循的程序的材料。

——鲍勃·布克斯鲍姆，迪克·布里克控股公司 CEO

我喜欢采用场景分析。我会问:“这样做需要什么?”例如，我们必须从网站生成多少线索，才能不出现舍入误差？如果答案是 10 兆亿，那么，我怀疑我们达不到。如果答案是 50，我会说：“哦，好吧。”如果分析背后的假设并不合理，你就可以考虑下一个意见。

——丹·韦托，康塞科公司高级副总裁

的确曾有一名分析师演算了源于多种不同渠道的数据，然后过来告诉我："好了，这就是答案"。我看了眼那些数字，表示它不可能是正确的，因为如果正确，那么世界就会完全不同了。所以，分析数据时，要确保分析源于数据，且确保进行高水准的整体检查。

——比尔·罗斯，通用电气公司

我总是问："目前的答案要精确到什么程度，我们就会改变结论？"我非常努力地推动对假设的检验，确保这些假设的驱动因素得到非常明确的界定。然后，我的分析重点便是这些驱动因素。这从根本上改善了我们的收购策略，近期几次收购的效果本身就能说明问题。

——罗恩·奥汉雷，梅隆资产管理公司总裁

尽管全面检查并无万全之策，但是，在进行总体汇报前，就自己的分析提出几个有针对性的问题，会为你免去许多麻烦。

切记分析也有局限性。在麦肯锡解决问题流程中，分析发挥着至关重要的作用。但是，当该说的说了，该做的也做了，分析也就到此为止。你必须通过分析进行推断，分析本身并不会说明什么。在我们的咨询模式中，你已经进入了直觉主导的阶段。也就是说，你在路上遇到了贝拉先生所说的叉子，你得捡起它。

分析本身具有局限性，但并不能因此就摒弃它。一位麦肯锡校友曾表示："预备，开火，瞄准脑子。"即使你是个直觉敏锐、经验丰富的决策者，良好的分析也有助于你支持的解决方案在公司内部进行沟通。正如比尔·罗斯所言：

> 许多情况下，作为精明的商界领导，企业高管们已经自己分析过如何解决问题，只是没有示与他人。然而，如果你和他们一起考察，往往会发现他们遗漏了一个重要选项。更重要的是，他们也许准备快速发展，但仍然还得拽着整个企业被动向前。他们的想法既没有诉诸文字，也没有经过交流，除了强制实施，不可能让整个企业茁壮成长。我们知道，强制实施并非长久之计，

原因在于，如果你一直盯着，人们就只会等着你告诉他下一步该做什么。

尽管有人认为，直觉和数据是阴阳对立的两极，但实际上它们是相辅相成的，正如阴阳相生一般。没有直觉的数据仅仅是原始信息，而没有数据的直觉只能是凭空的猜想。但是，两者合二为一，就为合理的决策奠定了基础。

实施指南

在解决问题的这个阶段，你需要弄清各种事实告诉了你什么。当有人批评经济学家约翰·梅纳德·凯恩斯（John Maynard Keynes）与他自己早期的言论相悖时，他曾有一句名言："当事实改变时，我就会改变主意。你呢，先生？"将这句话套用到麦肯锡解决问题流程中，那就是，当事实与假设互相矛盾时，你应该修改假设，而不是隐瞒事实。这一点无论如何强调都不过分。当你花费大量的时间和精力提出一个自认为精彩的假设，很容易固执己见，不肯相信自己也许错了。

在这个问题上，麦肯锡有几条经验："不要寻找事实去支撑你的提案""做好时刻扼杀你的观点的准备（适用于头脑风暴，对数据分析同样有效）"以及"只管说，'我不知道'"。在麦肯锡行得通的，在其他公司同样行得通。从假设到分析规划，再到研究、解释，必要时，还需要重新回到假设，如此需要多次往复。只有准确无误地证明了经过修改的最终假设，才能够着手准备最终成果，即向客户提出建议。

我们曾询问麦肯锡校友，在数据分析过程中使用哪些工具，他们几乎都提到了二八法则。在本章前文，我们已经介绍过，二八法则有多种表现形式。这里再举几个例子，如：美国80%的所得税是由20%的人支付的，在一个班上老师80%的时间用在20%的学生身上，你所穿的80%的衣服可能是从自己20%的衣服中挑选的，真是不胜枚举。当然不一定总是80/20的比例，可能实际上有时是75/25，有时又可能是90/10。而且，这条原则也并不是放之四海而皆准，但类似的现象的确时常发生，从而使之成为有用的预测工具。

在麦肯锡，二八法则主要是关于数据的，而只要是与数据有关的，肯定就是适用的。将二八法则运用到数字中，会使你得出各种各样的见解，帮助你通过“那又怎样”的检验。再回到先前的例子，如果你发现，80% 的销售额来自 20% 的员工，你应该立即问，为什么会这样？如何使其余 80% 的销售队伍达到最高水平的工作绩效？注意，二八法则不一定会直接引出正确的见解。它可能会激发你提出新的问题，并进行新的分析，从而有助于你弄清问题的真相。

此外，二八法则可以超越数据范畴，它也可用于分析事件。毕竟，80% 的建议将来自 20% 的分析。用一个词概括，就是主次分明。考虑一下，你的这些建议中哪些对客户最有价值，重点关注这些建议。记住，一家组织某一次能做的工作是有限的。应首先主攻那些胜算大的。

练习

- 考虑一下最近一次你参与或他人向你汇报的分析

项目。你汇报或见到的每一项内容是否都能通过“那又怎样”的检验？仔细检查汇报文件，至少为十项内容写下“那又怎样”的答案。

- 对你目前的工作进行“二八分析”。你最多的时间花在什么工作上？各项活动中哪一项为所在组织带来了最大效益？（请诚实作答！）哪项活动为你个人带来了最大利益？你能否想出办法，在产生最大效益的活动上多花时间，而在效益最低的活动上少花时间？
- 就你所在公司进行“二八分析”。你能否在自己工作的部门找到符合二八法则的例子？哪些产品或服务创造了最大的效益？哪些耗费了公司的大部分开支？你能否找出其他符合二八法则的例子？

形成最终成果

截至目前，我们仅仅介绍了解决问题流程中的内部内容。提出假设、规划工作、开展研究、解释结果，所有这些都是在办公室展开的。理论上说，如果无须访谈就可得到全部数据和信息，那么，不出办公室便可完成这些步骤，当然，你得接通互联网。

然而，现在到了与客户交接的阶段：提供最终成果。我们所说的“最终成果”，并不是指各种图表、幻灯片、计算机图像或其他用来向客户汇报解决方案的载体，这部分内容将在第 5 章“汇报”中介绍。我们所说的最终成果，是指你所要表达的确切信息。这种区别看似细微，但却重要。你对数据的解释，会串成一个故事，即你认为这些数据意味着什么。在这个故事中，你认为客户理解你的结论需要了解哪些内容，选择这些内容，以及支撑的证据，将它们提炼成最终成果。最后，通过一种或多种媒介，向客户汇报你的最终成果。不管马歇尔 · 麦克卢汉（Marshall McLuhan）[㊀]曾说过什么，信息和媒介是独立的。

本节，我们将向你介绍如何将故事转变成解决方案。

㊀ 麦克卢汉，加拿大知名传播学家，著有《媒介即讯息》等。

麦肯锡方法

麦肯锡所坚持的一条原则与本节相关，那就是：必须确保解决方案适合你的客户。

确保解决方案适合你的客户。管理好比政治，也是一门现实的艺术。如果你的客户或企业无法实施，即使最精彩的解决方案，有大量的数据支持，有巨大的收益前景，也会一无是处。要了解你的客户，了解客户的优势、不足和能力——了解管理层能做到什么，不能做到什么。时刻牢记这些因素，做到因人而异。

经验和实例

麦肯锡咨询顾问在跳槽到其他组织后往往发现，以当局者的身份提出最终成果比作为外部咨询顾问提出最终成果所面临的挑战更为艰巨。麦肯锡校友们的经验便反映了这一点，他们对“确保解决方案适合你的客户”这一观点进行了扩充：

- 从客户的角度考察问题

● 尊重客户能力的局限性

从客户的角度考察问题。无论是招聘新员工，还是向潜在客户展示实力，麦肯锡咨询顾问在谈及自己的公司时，总会有人冒出“CEO 的关注点”（有时是“最高管理层的关注点”）这种说法。与在内部找到关键驱动因素相对应的，便是在外部找到“CEO 的关注点”：这是你认为企业应优先处理的五六个事项。此乃从客户角度考察问题的第一步，因为这会迫使你集中关注客户最重要的需求，即使其中一些不会直接影响到你目前的工作。埃森哲公司的杰夫·坂口解释说：

> 即使现在，我们可能还没有从事这方面的工作，但牢记这些东西，会让我们对客户正在纠结或应纠结的问题更为敏感。我已经多次发现，如果我很清楚 CEO 应有什么议程，即使现在的 CEO 不是这样安排的，他们早晚也会接受我的想法。

由于职位、权限及公司文化的不同，你也许不得不依靠他人（也许甚至就是你自己的 CEO）得出对 CEO

的关注点的看法。尽管如此，CEO 的关注点仍将是你归纳建议的标准。

下一步，问问你的决策将如何为你的客户或组织增值。各条建议能产生多少回报？是否值得投入所需的时间、精力和资源？与你提出的其他建议相比如何？如果潜在效果不是很明显，就应首先考虑其他更大的项目。科凯国际零售银行业务分部前主席吉姆·班尼特每天都得这样决策。

对我来说，衡量的尺度必须是："这真的很重要吗？"与大多数公司一样，在科凯，决策通常以投入为导向，而不是以产出或绩效为导向。我们尝试着改变这种模式，将公司上市，也就有了绩效承诺——"我们将提高多少收益"，这样，我们就必须拿出计划去实现这个目标。注重绩效，迫使我们利用二八法则积极主动地衡量任何潜在的项目。我们不得不问："如果我们将这些资源投入到某事上去实现这种预期收益，那么，对实现我们的绩效目标会有什么影响？"

例如，我的职员提出了建立数据仓库的项目。该项目需要投资 800 万美元，具有极好的内部收益，能在两三年内收回投资。我说：“哦，伙计们，如果支出不能得到至少 10 倍的回报，我就不会提交董事会。所以，再回去找一找，看看有什么途径能至少实现 10 倍投资回报。”帮助我们实现绩效目标的能力，是判断一切的标准。

有时候，你可能会沉醉于自己精彩而智慧的分析，甚至对自己所付出的努力沾沾自喜。可别让它们干扰你的判断。美国总统约翰 · 肯尼迪曾有一句名言：“不要问祖国能为你做什么，要问你们能为祖国做些什么。”改编一下就是：“不要问你的分析能为你带来什么，要问你的分析能为客户带来什么。”

尊重客户能力的局限性。如果无法实施，世界上最精彩的战略，对你来说也毫无用处。这不仅仅适用于商界，对于需要制定战略的任何领域，都是不变的真理。如果你的足球队攻击力能力不强，费力把球踢过中场也是徒劳。在第二次世界大战中，德国也经不起两条战线同时作战。在美国，如果你不能得到国会大多数的支持，就无法发起一场立法运动，这是麦肯锡校友西尔维娅·马修斯在克林顿政府的管理和预算办公室工作期间得出的经验。

因此，在提炼最终成果时要牢记，你提出的建议对客户是否可行。客户是否具备所要求的技能、体系、基础结构和人员？竞争对手、供应商、消费者、监管部门等外部力量是否会采取行动，从而导致你的战略失效？如果你起初就对自己的分析做了正确的规划，那么，在提出建议之前，你就应该能够回答这些问题。

除了考虑宏伟战略，你还应考虑自己的分析和建议能否被整个组织理解。我们将在第 5 章考察如何包装你的信息这个问题，不过，大多数情况下，你的分析应该让他人能够理解。主要的原因在于，如果那些需要就你的分析做出决策并付诸实施的人能够理解，获得他们的支持也就变得容易了。保罗·肯尼便在葛兰素史克公司发现了这一原则。

我们用于分析疾病的许多模型都过于复杂：或者篇幅冗长，有成百上千页；或者是层层嵌套的 Excel 数据表。我接手的一些模型，你可能都无法相信。曾经有一个有两兆字节，与另一个模型相联系，且后者又与另一个模型相联系。面对如此复杂的模型，你简直无从下手。我从麦肯锡学到了一个原则，在创建任何类型的模型时都会运用，那就是：模型务必简单、聚焦、简练。因此，我的模型一般只有一页，尽量做到简单明了，这样，人们可以了解它的构成，不至于在细节中迷失。去掉那些细节，你不会有多大损失；相反，你可以集中精力关注关键驱动因素，看看正在发生什么。

我们将在第 5 章详细讨论如何简化你的汇报。目前，我们只告诉你，即使你正在开展的某项分析的确需要极大的模型和复杂的运算，也要努力简化分析的结果，让受过教育的局外人也能看懂。

实施指南

本节开头，我们曾表明，一旦你掌握了所有的事实（即你的全部分析结果），就要将部分而非全部事实提炼成一份报告。也许你想知道，为什么不能将所有的事实都利用起来呢？我们借用一个非商界的类似的故事来告诉你缘由吧：亚瑟王和他的圆桌骑士的故事。

虽然，亚瑟王和他的圆桌骑士的故事可能完全是个传说，但有关他们的“事实”却大量存在。如果你刨根问底，亚瑟王的故事可以追溯到公元1000年甚至更早，流传于英国、法国、德国、意大利，无疑还有其他地方。多个世纪以来，人们将这些民间传说整理成了不同的艺术形式，如马洛里（Mallory）的小说《亚瑟王之死》、怀特（T. H. White）的小说《永恒之王》、音乐剧《卡姆洛特》（Camelot），搬上银幕的则有约翰·布尔曼（John Boorman）的《王者之剑》、迪士尼动画片《石中剑》（更别提马古先生系列动画片[一]了）。然而，所有这些内容各异的作品，均源自相同的“事实”（如果你想了解它们是怎样千差万别，那就先看看《王者之剑》，再去看《巨蟒与圣杯》[二]）。

[一] 马古先生是美国联合制片公司（UPA）创作的著名动画形象。公司曾推出《马古先生历险记》系列动画，将马古先生放在一些著名的故事里，其中就包括《亚瑟王》。——译者注

[二] 恶搞亚瑟王的一部英国荒诞影片。——译者注

上述每一个故事各不相同，面对的对象也不同，但在某种程度上，讲的却是同一个故事。当你需要将掌握的事实贯穿成一个故事讲述给客户，你的目的，与改编亚瑟王故事的作者是一样的，那就是：让对方理解你的信息。与小说家和电影导演不同的是，你有责任保持诚实。作家或导演可以随心所欲地演绎亚瑟王，来表达自己的观点或推进自己的剧情计划。因而，大家既看到了血债累累的征服者（《王者之剑》），也看到了一个高贵却注定不幸的国王（《亚瑟王之死》），还看到了一个天真无邪的男孩（《石中剑》），甚至一个只会向老妇人说“不”的愚蠢男子（《巨蟒与圣杯》）。然而，作为一名咨询顾问，你却没有这样的自由[㊀]：你必须提出能最大限度为客户增值的建议。

记住，解决问题的目标，即你的目标，并不仅仅是提出一个精彩的创意。如果你问麦肯锡咨询顾问，公司在这方面是怎么做的，最常见的回答便是：“帮助我们的客户改变现状。”他们不会说：“为我们的客户提出精

㊀ 遗憾的是，这并不妨碍人们简单地随意制订商业计划。

彩的创意”。他们明白，如果得不到客户的认可和实施，即便是最好的创意、最精明的策略，也一文不值。为了得到客户的认可，你的汇报必须引人入胜，必须舍弃无用的事实。

请记住：这并不是说，应忽视那些与自己的假设相矛盾的证据。恰恰相反，这个时候，你应该业已根据事实调整了自己的初始假设。我们的意思是说，你不应随心所欲地把所有的事实都用到自己的汇报中。如果这样做，你就会因毫不相关的细节而失去听众，妨碍你的汇报。

练习

- 找来一份年度报告，最好是本公司的报告。根据年报中的信息，确定公司的股票是不是不错的投资。按照重要性罗列出五个原因。
- 思考一下你自己的公司，CEO 最应关注的五六个问题是什么？你的工作对这些问题会产生什么样的影响？为了扩大影响，你可以怎样做？

- 罗列出你所在公司的优势与劣势。按照 MECE 原则将它们分类。想一想，公司近期的各个项目是否考虑到了这些优势与劣势？怎样才能使未来的项目更好地切合公司的优劣势？

结　论

如前文所述，解释数据包含两个方面：在内部，将各种事实串成完整的画面，从而引导你提出建议；在外部，将特定的事实提炼成最终成果，从而将你的建议汇报给客户。到这个阶段，你已经从头至尾了解了整个问题解决流程。我们相信，如果你听从我们截至目前给出的建议，就能提高自己在企业决策方面的质量与速度。然而，你的工作并未到此为止。现在，你还得就自己的观点与关键决策者进行沟通，也许是要和整个企业进行沟通。为此，你需要掌握下一章将阐述的汇报策略。

·第 5 章·

汇　　报

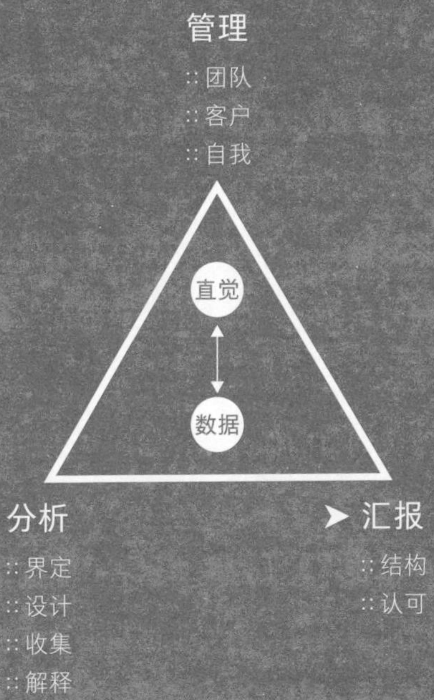

现在，我们到了麦肯锡解决问题流程的最后阶段：汇报你的观点。所有的假设、工作规划、研究、分析，最终都汇集到这里，不过，如果这项工作处理不当，所有努力都将付诸东流。如果把所有的商业观点随意堆积在一起，就想进行有效的汇报，无异于给帝国大厦加个盖子。本章我们将向你介绍，如何避免胡乱堆砌自己的观点。

如果说，商界人士对麦肯锡有什么固定看法，那就是，一群黑西装白衬衫的男士围坐会议桌前，一本正经地向客户进行汇报。在当今商业环境下，这种形象已逐渐过时，与10年前相比，麦肯锡所做的正式汇报可是少多了。不过，有一点是不变的，那就是，麦肯锡的男女职员仍需用某种方式向客户表达自己的观点。为此，公司发展了一套有效的汇报与沟通技巧，供咨询顾问使用。

根据麦肯锡校友的经验，与他们在麦肯锡学到的任何其他技能相比，这些技巧几乎可以一成不变地应用到其他企业。正是利用这些技能，麦肯锡校友得以使自己的观点被理解、被接受。麦肯锡式的汇报是如此行之有效，以至于一位校友曾称之为“不公平的优势”。你也能拥有这种优势。

本章我们将考察麦肯锡式汇报的两个方面。首先，我们将阐述如何安排汇报的结构，从而最大程度地影响你的服务对象。其次，我们将详细介绍让客户认可你的观点的技能。

结　构

麦肯锡花费大量时间来培训咨询顾问如何组织汇报的结构，并且这种培训非常严格，地点往往在异国他乡，而且还靠近高级高尔夫球场。麦肯锡的咨询顾问明白，汇报必须尽可能清晰明确、令人信服地向客户传达观点。为了达到这一目的，汇报的结构就应该易于掌握和理解。

本节，我们将向你介绍如何系统化地组织你的汇报，从而产生最佳效果。你会了解到如何富有逻辑地组织观点，从而让受众易于理解吸收，以及如何利用图表来传递信息。

麦肯锡方法

关于汇报的结构，麦肯锡强调的是：结构清晰，简单明了。

把汇报系统化。汇报想取得成功，就必须让听众按照清晰、简便的步骤，顺着你的逻辑走下去。你的汇报，应该是你思维过程的反映。如果你的思路清晰、逻辑性强，那么，汇报也应如此；相反，如果你的思路混乱，就难以清晰地组织自己的观点。

电梯法则。有时，你的时间不多。要全面了解你的解决方案（或你的产品或事务），这样你才能在上下电梯的30秒内向客户做出清晰而准确的解释。如果能通过“电梯测试”，那么，凭你对自己当前工作的理解，就足以推销出自己的解决方案。

简单为上：一图明一事。图表越复杂，传递信息的效果就越差。图表所要表达的意思应一目了然，无论需要什么工具，用它来实现这一点。如果你想用同一张图表来表达多种意思，那就每种意思都重画一张，在每张图上突出相关信息。

要把图表用作传递信息的工具，而不是艺术品。麦肯锡在制图方面始终比较保守：在麦肯锡式的汇报中，除非对阐述图表的要点必不可少，否则你不会看到五颜六色的图形或三维动画。

经验和实例

在麦肯锡解决问题流程运用的所有技能中，系统化汇报是最不需要根据外界情况进行调整的。所谓有效的沟通，就是无论在何处都进行非常有效的沟通，而麦肯锡的方法便极为有效。永核伙伴的风险投资家查拉·伯纳姆曾表示：

> 在书面沟通方面，麦肯锡提供出色的培训。麦肯锡的解决问题流程，迫使咨询顾问清楚每个问题及其启示的逻辑性和明确性。它还可以用来检验分析的完整性：当我在撰写汇报材料的过程中遇到麻烦时，通常是因为逻辑和分析不十分清晰。

鉴于这些技能如此有效，麦肯锡校友将结构清晰的汇报经验归结为一点也就不足为奇了，即用坚实的结构支持你的观点。

用坚实的结构支持你的观点。一针见血地说，汇报就是销售。也许你和你的团队对自己精彩的创意和优质的工作非常满意，但是，客户、同事或你的企业却未必如此。你得说服他们，而你的汇报便是最好的工具。千万不要出错，汇报可是至关重要的。鲍勃·加尔达曾任麦肯锡克利夫兰办公室项目责任董事，后来担任一家知名消费品制造商的CEO，如今是杜克大学福库商学院的教授。他便有这方面的经验："我曾经把半生不熟的观点做了精彩的汇报，眼看着它们一路好运；也曾对出色的创意做过糟糕的汇报，眼看着它们夭折。"

遗憾的是，如果麦肯锡校友的经历具有代表性，则在今天的企业界，有太多的创意不是一路好运，而是不幸夭折了。在新公司，许多麦肯锡校友对低劣的汇报质量感到震惊。以下是一些典型的说法（为尊重隐私，公司名称与校友姓名已隐去）。

我看了高级经理互相提交和递交给客户的报告，简直令人沮丧。他们不知道怎样组织自己的观点。那些报告只不过是意识的流动。这是我离开麦肯锡后感受到的最惊人的变化。

——医疗业的一位校友

我总是对这里质量低劣的汇报感到震惊。我们往往是在幻灯片上添加寥寥数语或是提纲，人们便真的以为这就是汇报。其实不然！如果仅仅罗列出一些观点，图或表又不说明什么，那在我看来，你就该把它们纳入会前散发的备忘录中。没有任何图表，这简直就像在幼儿园。

——金融业的一位校友

我曾经和一位资深高管共事，他总是花几小时去阐述一个观点。他的幻灯片上的“那又怎么样”的答案，似乎是“这是我所知道的大量数据”。在他讲述期间，董事会明显很烦躁。我花了两年时间才改掉了他的这种习惯。

——零售业的一位校友

难怪他们言语间颇为泄气。糟糕的汇报，会让对方难以领会好的观点。不过，更常见的是，设计糟糕的汇报，也反映出观点没有经过深思熟虑。要把支离破碎的想法组织成连贯的汇报，实属不易。

反过来，针对出色的观点所撰写的好报告，可以是有力的利器。使用好报告在整个公司就一系列行动进行沟通，其作用就如同催化剂。鲍勃·加尔达在出任某家知名品牌消费品制造商 CEO 时，曾有过这种经历：

许多人不能顺畅地组织一份连续的汇报，他们不会在汇报中展开一个主题，并从这个主题展开多个分主题。我就任时，公司对未来缺乏明确的愿景：我们是什么样的企业？我们想发展成什么样的企业？我觉得，公司愿景是需要解决的头等大事之一，而我围绕这个主题做了一次报告，竟然产生了巨大的反响。其实，这是因为我能游刃有余地将自己的观点组织得有条有理。

麦肯锡之所以能够流畅、系统而符合逻辑地表达观点，在于它自称的“改变现状”的能力。它的咨询顾问不仅要提出好的观点，还要通过沟通，让自己的观点充分影响客户。这些技能出了麦肯锡，同样极为有效。培生集团（Pearson PLC）虚拟大学企业总经理尼尔·克罗克（S. Neil Crocker）曾评论说：

在严密的逻辑支持下，强有力的沟通技能可以消除很多顾虑。只要是我真正想做的事，至今还从未被CEO或董事会拒绝过。汇报技能是我们带入现实世界的“撒手锏”。它简直就是一种不公平的优势。

好在你不必到麦肯锡工作，也能学会如何进行有效的汇报。事实上，一些麦肯锡校友们已经在自己的公司着手传授这些技能。我们希望，本节能向你充分介绍如何系统化地组织报告，从而，你也能让自己的公司蓬勃发展。

实施指南

成功的汇报，是联系你与汇报对象的桥梁。它能让对方明白你了解什么。如果你的汇报结构清晰、逻辑严密，做到这点不难。幸运的是，如果你一直坚守本书的准则，那么，其实你已经具备了进行这样的汇报的坚实基础，那就是：初始假设。

如果已经把初始假设按照 MECE 原则（“相互独立、完全穷尽”）细分成若干问题和子问题（并根据分析结果进行了适当调整），那么，你的汇报就有了现成的提纲。如果你遵照 MECE 原则，提出了系统化的假设，那么，你就能进行符合 MECE 原则的系统化汇报。反之，如果你不能让自己的汇报言之有理，不妨再考虑一下初始假设的逻辑是否严密。许多麦肯锡校友发现，这是对自己思考的一种有益检验。你只要把能证明自己观点的东西摆在一起，再将它们放在议题树适当的位置上。

我们仍以第 1 章中提到的 Acme 装饰品公司议题树为例。你的团队提出这样的初始假设，即该公司可以通过采用耗时更短的新流程，降低绳毛垫的边际成本。你的分析证明，新流程成本更低，同时，Acme 装饰品公司能够实现采用新流程所需的改变，且新的流程不会影响绳毛垫的质量。首张幻灯片就要说明这些内容（见图 5-1）。这样，你就向听众确立了自己汇报的结构，他们就明白了你将讲述什么，也就很容易跟上你的思路。

> 采用耗时更短的新流程，Acme 装饰品公司能够降低绳毛垫的边际成本：
> - 新的处理流程能够节省资金
> - 我们拥有采用新流程所需的资源
> - 我们能在采用新流程的同时保证产品质量

图 5-1　向 Acme 装饰品公司所做的汇报：幻灯片首页

以下的汇报都以首张幻灯片为基础。初始假设中的每一个要点，便构成汇报的一个部分。每个部分的主要问题下又包含不同层次的子问题。例如，我们来看第二个主要问题，即本书第 1 章探究过的"Acme 装饰品公司能够实现采用新流程所需的改变"。其中产生的各个子问题，现在就构成了汇报第二部分的要点：我们拥有必要的设施和必备的技能（见图 5-2）。你可以顺着议题树重复上面的过程。不过，根据听众的需要，你可以不必过于深入阐述细节。不管止于哪种深度，你的汇报都必须逻辑清晰。

> 我们拥有采用新流程所需的资源：
> - 我们拥有采用新流程所需的设施
> - 我们的员工具备采用新流程所需的技能

图 5-2　向 Acme 装饰品公司所做的汇报：第二部分的首张幻灯片

你也许已经发现了这种结构的不寻常之处。我们建议开初伊始便亮出你的结论，在 Acme 装饰品公司一例中，就是改变绳毛垫的生产流程。许多汇报却采用相反的方法，把所有的数据都过了一遍之后，最后才蹦出结论。尽管有些情况下这样做是合理的——你可能真的想保持悬念——但这样，很可能在没有抖出结论之前，听众就已经没了兴趣，尤其是频繁引用数据的汇报更会如此。从结论着手，就可以避免听众产生这样的疑惑："这家伙要往哪儿谈呢？"

首先亮出结论或建议，有时被称为"归纳推理法"。简言之，归纳推理的形式就是："我们相信某某观点，原因有一二三条。"这与演绎推理相反，它的形式为："其一是正确的，其二是正确的，其三是正确的；因此，我们相信某某观点。"即便是通过这个最简单、最抽象的例子，也可以看出，归纳推理能够更迅速地抓住要点，听众理解起来所需的时间更少，却包含更多的内容。正是由于这些原因，麦肯锡与客户沟通时更偏好归纳推理。罗恩·奥汉雷证实：

> 在口头或书面沟通中，我总是努力开门见山阐明结论。这样，大家就都有了相同的想法，即使意见不同也无妨，接下来再详细给出所有支撑的数据和论点。这也有助于我提高整理论据的效率与效果。

从结论入手还有一个好处，那就是便于在汇报中把握细节的处理。例如，假设你在做交互式的汇报，比方说面对的是你的老板。你有三个要点要与他沟通。现在，假定他本来就接受第二个要点，不再需要你用大量数据去说服。如果你采取的是演绎推理，那就得先向他介绍所有的支持数据，才真正告诉他你的结论，而这个结论他早就同意了。你花费大量时间，却没什么特别的收获。相反，如果采用归纳推理，你的老板就能从一开始便肯定你的结论，你就可以把更多的时间花在其他要点上，或者结束会面，回去工作。

开门见山亮明结论，还可以帮助你通过电梯测试。我们在本章前文已经提到，当你在乘电梯的时间内能讲完自己的结论，那么你就通过了电梯测验。事实上，如果你采用了麦肯锡的方法，则你的第一张幻灯片即有关建议和要点的幻灯片，就是电梯测试的答案。想用演绎推理方法来通过电梯测试，可不是件容易事，对吧?

我们强烈建议，在进行任何汇报之前，做一下电梯测试。我们的麦肯锡校友提供了大量实例，说明了电梯法则在自己工作中的用处，以下是其中几例。

我现在所处的已经不再是新兴公司，有几位前资深高管来自大型公司。我发现自己会这样对他们说："嗨，我们和高盛（Goldman Sachs）只有20分钟的会面时间，只有前两分钟最管用。要假设咱们只有坐电梯那么短的时间向他们说明自己的观点。你们准备说些什么？"令人吃惊的是，众多的成功人士竟然不能归纳出两三个要点并阐述清楚。

——布拉德·法恩斯沃斯，GeoNetServices.com

在我的整个职业生涯中，用简短几句话清晰地说出想说的话，这种能力给了我各种各样的回报。作为一名作家，我发现，得到媒体的广泛报道至关重要，而电梯法则说的就是"曝光率"，这是个好办法，可以知道你的产品或观点是否足够引人注目，能够打动他人采取行动。如果没有通过电梯测试，不仅说明我的表达不够清楚，而且还表明有关问题没有吸引力。

——德博拉·克纳凯，《花钱指南》(*The MsSpent Money Guide*)一书的作者

> 我的董事会集中注意力的时间太短了。要是没有电梯测试的经验，我早死掉了！
>
> ——学术界的一位校友

也许CTR风险投资公司的罗杰·布瓦斯韦特对电梯法则的价值做出了最好的总结："在进行商业汇报时，尤其就我本人而言，如果不能够通过电梯测试，就不应与任何人讨论。"如果你无法简明扼要、准确无误地阐述自己的想法，要么是你没有充分理解资料，需要进一步再熟悉，要么就是你的结构不够清晰、准确，需要再考虑。

或许到现在你已经猜到，我们热衷倡导优秀的汇报结构。然而，即使是结构最好、逻辑性最强的建议，仍需要证据的支持。因此，现在就该看看汇报结构之外的东西了，那就是，用沟通去展示你的分析。

如今，人们用来汇报的已经不仅仅是图表，也可以是三维模型、产品样本或网页。无论采取什么形式，不错的视觉辅助材料，可以产生惊人的沟通效果。毕竟，一幅图也许蕴含着千言的价值。一幅图所能表达的数据和概念，也许需要数页的文字来阐述。而且，你的汇报对象在听了你的介绍或读了你的报告时，能够看看图(有实物模型时还可以触摸)，就更容易接受你的观点。

无论是采用老式的黑白图表，还是五彩斑斓的配乐三维动画，麦肯锡校友的经验都是靠得住的。最重要的一点，就是简单为上。你是在努力就自己的若干建议进行沟通，不是在炫耀艺术品。有时，你可能希望用精美的图片来打动对方，但不能因此妨碍信息的传递。如果你非要这么做，那你就不是在沟通，而是要制造迷惑。

每一张图只能传递一条信息，而且越简单越好。这样，不仅对方知道你讲的是什么，你自己也清楚。如果一张幻灯片只有一条明确的信息，你就不太可能在汇报中让大家感到迷惑。西尔维娅·马修斯任白宫副幕僚长期间，在每次准备向总统汇报时，都牢记这条原则。呵呵，如果这条原则对美国总统都管用，那么……

关于汇报形式，最后要提及的一个小问题是，如果你要列举数据，务必注明数据来源。这样，如果有人问你从哪儿获得的信息，你就能答得上来。而且，若干年后，如果你拿出以前的某份报告，就能知道相关出处。

报告的表现形式固然重要，但这不是全部，你仍需要用合理的结构将它们组织起来。否则，你所能提供的，不过是一系列有趣的事实，缺乏总的主题。记住，每一份展示材料就是一条信息，这些信息必须符合你汇报的逻辑，这样，你的汇报对象才能明白你的观点，毕竟，这才是关键。

练习

- 在你喜爱的报纸上找一篇提出具体建议的评论，记下作者的论点及借以支持的论据（例如，我们需要更多的发电厂，因为用电量正以每年20%的速度上升）。然后，按照汇报的要求，将这些论点按照逻辑顺序组织起来。这份报告能否阐明你的观点？如果不能，原因何在？
- 下次汇报前，预先实战演练一下，并进行录像。

如果可能，在汇报前要抽出时间看看录像。观看时，假设自己是目标听众，只想了解自己想知道的信息，包括你将分发的材料上的内容。从听众的角度来看，你的汇报是否合理？你被说服了吗？考虑一下，可以采取什么措施来改进你的汇报效果。

- 找出一张图表（可以取自以前的汇报），一定是你第一次看的时候花了很长时间才看明白的。重新做一下这张图表，让信息易于理解。如果原来的图表包含了多条信息，你可能得做几张。现在，将新图表拿给没有见过原来图表的人看看。此人能否理解你图表中的信息？如果不能，原因何在？

认　可

汇报仅仅是工具，而非目的。再好的汇报，无论结构如何系统、连贯，无论图表如何形象、生动，如果对方不接受，不依照建议行事，也毫无用处。《财富》500 强的文件架上，就堆满了从未走出过会议室的汇报文件。

如果你想避免自己的观点遭受同样的命运，就需要练习获得认可的微妙艺术：采取一些必要措施，尽可能增加客户接受你的建议的机会。这些措施，包括在你们之间架起信息沟通与信任的桥梁。之所以存在信息不对称，是因为相对于汇报对象，你更加了解自己的研究结果。如果存在信任缺口，则可能会因你与汇报对象之间关系的不同，而呈现多种表现形式。对方也许会认为你经验不足，没有资格对他们的业务说三道四；他们不信任你，还可能是觉得你是局外人，或者要么读书太多，要么受教育程度不够，等等。

本节，我们将介绍两种搭建这种桥梁的途径：事先沟通和量体裁衣。事先沟通，就是在汇报前让对方了解你的研究结果。量体裁衣，是在汇报前根据对方的意见对报告进行调整，必要时，要一边汇报一边调整。这些技巧，将增加你改变现状的机会。

麦肯锡方法

关于如何获得认可，麦肯锡校友有一条原则应铭刻于心，那就是：未雨绸缪，事先沟通。

未雨绸缪，事先沟通。优秀的商业汇报，不应有出乎听众意料的内容。在向大家正式汇报前，与所有决策人员沟通你的分析结果。关于在汇报前提出自己的建议，以征求关键决策者的意见，麦肯锡有一种简短的说法，即事先沟通，英语是 prewiring。在麦肯锡，咨询顾问学会了在每次汇报前都要事先沟通。

这样做有个好处，你的解决方案不会遭到出其不意的强烈反对。这种做法，还有助于那些需要批准或执行解决方案的相关人员达成共识，从而支持你的方案。它让你有机会根据组织内的各方关系对方案进行调整。最后，这种做法还可以让你对自己的分析结果进行实地检验。这样做的结果，将使你的方案更可能获得批准和得到执行。

经验和实例

由于希望在新单位的工作富有成效，麦肯锡校友们都不遗余力地在获得认可方面做文章。实际上，每一位与我们交谈过或发回调查问卷的校友，都提到了这种策略的价值。我们从中提炼出了以下两条经验：

- 避免出人意料
- 根据汇报对象量体裁衣

避免出人意料。在商界，人们不喜欢意料之外的东西。这里所说的意料之外的东西，不是指可以多休一天假，或者奖金比预计的要多，而是指使决策者不得不改变计划和进程的新信息。正因为这样，小盘股等风险投资品的预期收益才会高于政府债券等稳健投资品的预期收益。事先沟通，可以降低出人意料的可能性。这样做可以检验一下你的汇报，原因在于，对方考虑了你的建议后，可能会提到一些研究中忽略的东西，很可能会因此改变你的分析结果。

更重要的是，在大型汇报会之前与决策者进行讨论，更易于让那些决策者认可你的观点。在一对一的亲密氛围中，你向他们敞开自己的思绪，这比正式场合要容易得多。你可以了解他们关切的问题并予以解决。如果有人就某项建议提出问题，你就可以在正式会议前拿出折中方案，从而确保届时获得此人的支持。

为了说明事先沟通是多么有用，这里向你介绍纳拉斯·伊查姆巴蒂给我们讲的一个故事。纳拉斯是Quaero公司创始人，现任该公司CEO，他曾就职于美国投资银行第一联合银行，担任知识市场部主管。在加盟该银行时，他就曾非常成功地运用了事先沟通这种做法。

离开麦肯锡后，我去了第一联合银行，主管一个叫知识市场的部门。当时，这个部门很小，我们希望能够迅速扩大。我得向第一联合银行的行长约翰·乔治（John Georgius）提交一份业务发展方案，目的是争取拨款，希望在三年内扩大本部门的规模。我利用在麦肯锡学到的访谈技巧，在头两个月走访了公司各部门，调查大家对本部门的态度和期望。这种做法非常有用，它理顺了我的思路，确保我听到每个人的想法。这也是销售的一环。

纳拉斯的倾听能力带来了多方面的收获：

我发现，不同的人对我们部门的看法各不相同。一些人预期过高，一些人又预期过低。我明白了“雷区”何在。接下来，我没有直接将方案提交行长，而是去找各部门主管，告诉他们我想和他们谈什么，并得到了他们的反馈。正因为如此，我的方案得到了很多人的认可。

我像在麦肯锡汇报时那样，对商业方案进行了系统安排。大家都被汇报的严谨、周全和说服力打动了。原定的汇报时间为两小时，但一个半小时就结束了，而且，刚过一个小时，我的商业方案就被通过了，那可是笔不小的投资。我想，第一联合银行的人至今还记得我的大名，就是那个第一次便从约翰·乔治那里掏出钱来的家伙。以前没有人做到过。

即使你无法在事先达成充分的共识，事先沟通仍然有益。保罗·肯尼参与葛兰素史克公司的一次“汇报战”

时便有如下发现：

我正要枪毙一种有争议的产品，得向一些维护这个项目的资深人士说明情况，才能终止这种产品的生产。好在我事前做了铺垫工作。虽然仍有阻力，但至少我知道阻力来自哪里。主要人物都已经知道了我的结论。有人同意，有人不同意，但至少我知道自己的处境。在汇报中，我成功地化解了主要问题，让大家接受了我的意见。

在保罗所述的情况下，事先沟通尤其有用，原因在于，这样做可防止大家针对每一个要点的相关事实争论不休。对方已经知道了你掌握的事实，便可以就你的观点而非事实展开讨论。

相对于纳拉斯和保罗的成功，有人没有花时间进行事先沟通。鲍勃·加尔达曾经听取过意外不断的汇报：

我曾经是董事会成员，而CEO既不让我们充分参与，也不让我们了解情况。在一年的时间里，除了网络交流，我总共才和他谈过一次，其他董事也一样。他需要与董事会加强联系，来实现他对公司的构想。他需要召集董事会成员，说："这是我设想的公司发展方向，我希望得到你们的支持。"他应该知道权力在谁手里，确保这些人了解情况。你不能星期四突然召集会议，让董事会决定周日是否要收购某个公司。董事会的答复是："我们两个月前就已经考虑过了，那时就不想收购这家公司。你现在才召集紧急会议，只给我们四天时间考虑？"事先不争取支持，可不是明智的做法。后来，我们各奔东西了。

无论何时、何地，只要事先沟通，就可以避免遭遇类似的命运。

根据汇报对象量体裁衣。量体裁衣，就是无论汇报对象有谁，都要根据不同的对象调整自己的汇报。即使对方和你在一家组织，他们也未必和你一样了解讨论的主题的背景和相关知识。他们可能更喜欢某种汇报形式，如正式的还是非正式的、大规模的汇报会还是亲密的讨论、采用文本形式还是视听形式等。有些人希望深入细节，而有些人则只想听到你的最主要论点。要想取得成功，你需要了解自己的汇报对象，了解他们的偏好与背景。关于麦肯锡校友在量体裁衣方面的聪明才智，银橡树公司的迪恩·多尔曼总结如下。

如果你让自己的汇报“麦肯锡化”，在汇报中使用大量咨询行业术语，那么，你会在大多数组织中一事无成。一切都必须完全根据汇报对象量体裁衣。优秀的领导人，会了解自己的听众，知道如何适应他们。

有时，量体裁衣甚至意味着调整汇报的结构。比如，如果你了解到听众没什么耐心听你讲支持观点的细节，那么，花时间去讲解有什么意义呢？直接阐明结论好了。以下是通用电气公司的比尔·罗斯在这方面的一个例子。

我仍像在麦肯锡时那样组织自己的说辞：第一页统领全篇，说明中心思想，并阐述问题的背景。不过，我一般都会快得多。在通用电气，你用不着在这上面耗费太多时间。你得很快过到解决方案这一环节。没错，让人们了解背景的图表，要少花些时间。照我的说法，就是："告诉他们你要说的话，告诉他们，然后，把已经说过的话再说一遍。"

结构未变，不过是针对不同的听众，强调不同的内容而已。

然而，量体裁衣并不仅仅意味着了解汇报对象的好恶。你还需要了解他们的语言，即他们的思维方式及一些行话。在关于事先沟通一节提及的实例中，纳拉斯正是这样做的。

我花了两个月时间倾听第一联合银行诸位同僚的意见，效果非常显著，因为我了解他们在公司内部使用什么样的语言，懂得他们在寻找什么，希望有什么样的结果。为了便于思考，我采用的是麦肯锡解决问题的方法。但在向公司汇报时，我沿用了他们熟悉的术语，采用了他们熟悉的方法。我在汇报中没有使用咨询业的方法，或者说咨询业的术语和行话，而是使用了他们的术语和行话。我相信，这是我的汇报得到充分认可的原因之一。

记住，不仅不同的公司所使用的语言不同，甚至一个公司的不同部门也会使用不同的语言。比如说，对公司董事会和运货卡车司机的汇报，就不会相同。这与谁比谁聪明无关，而是每个群体的预期不同、目标不同，使用的语言也不同。由于存在这些差别，你就需要量体裁衣，来适应不同的群体。

实施指南

越早事先沟通，效果就越好。早日明确相关人员并征求他们的意见，这些人就能够在你的解决方案中留下自己的印记，他们就会更满意你的方案，而最后的结果也有他们的一份功劳。这样，团队之外的人员也有机会指出你的错误，发现你遗漏的机会，而你也来得及予以纠正。

不过，有时你得一边汇报一边量体裁衣。有了恰当的结构框架，你就可以根据听众的反应灵活调整自己的汇报内容。绝不能拘泥于原来撰写的内容，形势需要时也应及时调整。再以鲍勃·加尔达为例。在这个案例中，他实际上是以某重要市政公用事业机构临时 CEO 的身份充当麦肯锡的客户。

麦肯锡团队的一位咨询顾问约见我，向我介绍该团队对我们的一个问题的分析及初步建议。这位年轻女士走进屋，坐下，随后便给我上了最令人难忘的一课。她说："我来告诉你问题是什么吧。"便开始进行阐述。我说："我想，我知道问题所在，让我来告诉你为什么吧。"然后说了四五点。她回答道："没错。那我就用不着浪费时间解释问题在哪儿了。前面 16 页咱们就翻过去了，直接看解决方案吧。"此前，我从未听到过麦肯锡咨询顾问这样说话。对我来说，这真是极好的一课。

随机应变，尊重听众（这一点更重要），将会让你得高分。

你还应了解汇报时的客观环境，并做出相应调整。你可以根据现场的情况，用迥然不同的风格来传递同样的信息。例如，如果是圆桌会议，面对的是三四名高管，你可能就用不着投影仪，发几张概述内容的纸就够了。相反，如果是在礼堂，面对50多名听众，就得照顾到较远的听众，用上一些设备。

练习

- 确定你目前解决的问题的关键决策人物是谁。他们的待办事项、优劣及偏好等是什么？你不妨将这些想法记下来，留作今后参考。
- 确定两个或多个经常和你打交道的群体之间的差异，可以是公司内部的，也可以是外面的，既可以是你的董事会，也可以是你执教的少年棒球队。找出一份你以前做过的报告，根据不同的对象对它进行量体裁衣的调整。确保每个版本的主要信息都能被接受。

结　论

对麦肯锡来说，汇报是水到渠成的事。系统的汇报，辅以不懈努力地争取关键决策者的认可，麦肯锡的建议便更易于被接受。这些策略同样对你有效。

你已经做了汇报，建议也已经获得公司认可，但这并不意味着工作的结束。一个出色的点子，一旦获得公司的认可，还要得到实施才能产生效果。不过，这有着不同的流程，也许，需要另写一本书。

姑且不考虑实施问题，那么，汇报完最终建议，就标志着典型的麦肯锡咨询项目的结束。客户也许会提出新的问题来要求麦肯锡解决，但这将是一个新项目的开始。同样，在本书中，我们讨论完了为商业问题提出解决方案的流程和进行汇报的流程，接下来，将讨论管理客户、团队及自我管理所需的技能。

· 第 6 章 ·

团队管理

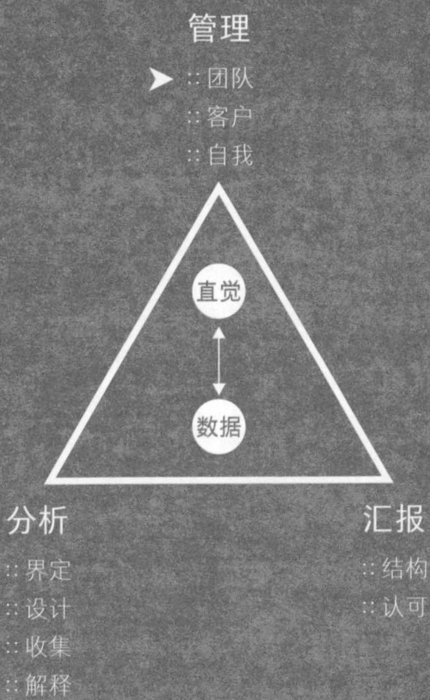

过去20年来，关于团队管理及领导力的研究，已成为管理理论的基石之一。在大多数书店，至少有一排（有时至少是整个区域）是建议如何组建和领导团队的书籍。之所以如此，原因有一条，那就是：如今团队几乎存在于所有组织中，可谓司空见惯。人们普遍相信，集体的力量胜于个人。然而，并不是所有的团队都能获得成功，而团队的管理，也并非易事。

要找到比麦肯锡更加依靠团队活动的组织，也许非常困难。关于团队管理，根据你询问对象的不同，麦肯锡都可以成为让你懂得什么该做或者什么不该做的典范。这两方面本章都将讨论。积极的一面，是麦肯锡花费大量时间和精力，通过专门的培训模块、会议及指导课程，来培训自己的团队主管。美国投资银行永核伙伴的查拉·伯纳姆表示：“麦肯锡的一条最重要的经验，是把团队管理看作一项独立、明确而重要的工作。这在其他组织并没有得到广泛的认可。”

虽然麦肯锡兢兢业业地致力于建立团队和培养团队主管，但仍有人表示，在这场游戏里，培训来得太晚了。现就职另一家战略咨询公司的一位麦肯锡校友就抱怨，在麦肯锡，某些最好的团队培训，只有高层才能享受到。他表示：“我在麦肯锡获益最少的地方之一，就是如何管理团队。随着你的升迁，会有一些很棒的材料，但在早期，几乎就是边干边学。”对麦肯锡的团队管理和领导力培训感到失望的，不仅仅是他一人，这在本章后文将会提到。不过，麦肯锡过去75年来的巨大成功表明，它还是知道该怎么做的。

本章我们将讨论团队管理的四要素：选择成员、内部沟通、联络感情和个人发展。

选择成员

没有团队成员，就不可能组建团队。既然如此，创建杰出团队的第一步，就是选择适当的团队成员。本节，我们将讨论尽可能为团队挑选最佳人选的方法。当然，有时团队的最佳人选可能不在你的组织内部。因此，本节还将考察如何提高招聘效率，增强招聘效果。

也许，你无法控制团队的组成。实际上，根据我们对麦肯锡校友的访谈，这种情况在麦肯锡以外更加普遍。即便如此，在今后的职业生涯中，也许有一天，你会发现自己有权确定所在团队的人选，如果你遵照本书其余部分的建议，就会发现确实存在这种情况。

麦肯锡方法

我们来回顾一下麦肯锡组建团队和招聘人选的方法。

合理选拔团队成员。如果你拥有挑选团队成员的权力，选择时要深思熟虑。麦肯锡人根据项目的具体需求，来确定如何分派任务。他们会精心权衡、考察对象的智力、经验和人际交往能力。每一项都很重要，但不同项目（或团队）的侧重点又会有所不同。

如有机会，你在决策前应亲自会见潜在的新成员。努力让你的团队成员之间建立心电感应。关于潜在团队成员的优劣，不要盲目轻信他人。尽量眼见为实。

麦肯锡式招聘。麦肯锡对招聘新人十分挑剔。如果不是这样，那它也就不是麦肯锡了。正如在自己的使命中所宣称的那样，麦肯锡努力“吸引、培养、鼓舞、激励和留住杰出人才”，并说到做到。在麦肯锡，招聘工作由合伙人亲自挂帅，且有若干全职专家和巨额预算支持。公司通过网罗全球顶级商学院的高才生来实施自己的战略，并且随着时间的推移，逐步扩大到其他学院、学科或行业的佼佼者。

麦肯锡的招聘流程，包括在面试时进行大量细致的案例分析。应聘者在面试过程中至少要会见 8 名咨询顾问，每名咨询顾问都会提出一个不同的案例让应聘者解决。麦肯锡的目标，是深入考察每位应聘者的思想，对其分析能力和人际交往能力进行评估，确定他们是否合适。总之，要想通过麦肯锡严格的招聘程序，最好的策略就是具备优秀的学业记录，展现出领导力和创造性，同时，能够系统化处理问题并将问题进行细分，从而在案例分析面试中胜出（看看本书可能也有用）。

经验和实例

从本质上讲，麦肯锡的某些独到之处也限制了麦肯锡方法的适用性。例如，由于每个项目一般持续半年，职员就会频繁穿梭在项目之间，团队内部始终处于流动状态。这样，麦肯锡总是有大量咨询顾问可供选择，而且还可从遍布全球的各地办公室挑人。在招聘时，麦肯锡的良好声誉、稳固的客户基础及丰厚的薪酬，都使得其他组织（如中等规模的制造企业）望尘莫及。

即便如此，麦肯锡的做法还是能提供一些经验，在选择和招聘团队成员时助你一臂之力。通过对麦肯锡校友的访谈，我们补充三点建议，希望在这方面对你有所帮助：

- 不仅考察表现出的能力，还要考察潜在能力
- 重视多元化
- 招聘程序系统化

不仅考察表现出的能力，还要考察潜在能力。麦肯锡甄选的出发点很简单，就是寻找最优秀的人才。尽管这听起来很简单，但在实际工作中却常常被忽略。吉姆·班尼特在科凯国际的领导岗位上始终将这一点视为重中之重。

离开麦肯锡后，我在工作中一直坚持的麦肯锡原则，就是尽量挖掘最优秀的人才。你得坚持不懈地追求，找到适合正在解决的具体问题的最优秀的人才。我们利用正式的评估工具，来评价应聘者的经验、优点和不足。你还需要通过非正式渠道进行了解，这可能会更多地发现一个人的潜力。

个人经验，无论是具体某个行业、某项技术还是某类问题的经验，一直是麦肯锡招聘职员的一项重要标准。在特定情况下，这种偏好是必要的。你可能需要有

人能马上把工作开展起来，而团队可能没有时间从头了解某个行业。麦肯锡重视从业经验，并以此为依据精心挑选应聘者。

然而，麦肯锡同样珍视一个人的潜力，且大多数情况下，它更偏好天生的智力而非从业经验（当然也有例外，比如“实践专家”这样的职位）。麦肯锡确信，一个人可以学会如何系统化地解决问题，如何收集某个公司、某个行业的信息，如何阐明自己的观点，但要让某人更加聪明，却几乎是不可能的。因而，公司网罗聪明人才，对他们进行培训。在招聘过程中，学业成绩与面试时案例分析方面的表现占有很大权重。目前任 Hook Media 合伙人之一的埃文·格罗斯曼在新公司中就采取了类似的方针。

我在麦肯锡学到的重要经验之一，就是要注重招聘聪明人，而不是在某个领域经验丰富的人。对我们来说，聘用富于逻辑思维的人非常重要。我们在面试时进行案例分析，以评估他们在这方面的能力，并确保他们善于建立初始假设。

麦肯锡成功地聘用了商业咨询顾问，这些人影响了全球多家规模最大、最成功的企业。其中许多人在自己咨询的领域经验寥寥甚至毫无经验。我们相信，其他组织的许多招聘，都过分强调应聘者在某个狭窄领域的表现，而忽视了那些缺乏这种经验但头脑聪明的可塑之才。大面积撒网，就有可能发现未来之星，而这样的人才所需要的，仅仅是证明潜力的机会。

重视多元化。今天，不管是在商界、政界，还是学术界，无不要求应聘者“多元化”。就组建团队而言，我们同样深深信奉“多元化”这种理念。主流的多元化定义，注重的是个人的种族、性别、宗教信仰或者饮食偏好。不过，我们对多元化的定义有别于主流。有两个人，碰巧一个是白人，一个是黑人，都毕业于美国格罗顿中学，在哈佛主修经济学，在华尔街工作过两年，且都在沃顿商学院获得金融学 MBA 学位，那么，这两人究竟有多么不同呢？本书讨论如何在你的组织中做出更加成功的决策，而依靠像数豆子一样去考察人才，是做不到的。我们谈及重视多元化，并不是指任意武断的行为，而是指经验的多元化。

以麦肯锡为例，从种族、性别或学校背景来说，这很难说是一家多元化的公司（在美国，典型的麦肯锡顾问是：白种人、男性、毕业于全美排名前五的商学院的MBA）。尽管如此，过去10年来，麦肯锡仍在一次次地研究如何加强咨询顾问的多元化，因而，它的人员组合正日益走向多样化——这是有充分理由的。不过，这方面的努力，一直着重于招聘更多具有不同背景的人才。例如，公司正日益多招法学毕业生、各学科博士及特殊行业人员。[一]

丹·韦托曾任麦肯锡匹兹堡办公室招聘主管。他表示，一个团队的真正价值，源于成员的多元化以及“背景、爱好和智力”的适当平衡。他一般依靠猎头公司，但是，如果能够有益于组建最好的团队，他也通过“非传统”渠道招人。

团队多元化的真正价值是什么？除了拓宽团队所掌

[一] 请注意，此乃本书作者看法，而不是麦肯锡公司的观点。我们的言辞不能代表麦肯锡，而麦肯锡也同样不代表我们。

握的技能，还能为解决问题提出创新的观点，挑战那些很容易想当然的假设。有了多元化，团队还能感到整个解决问题的经历更有意思。真正的多元化，不仅能加快解决问题的进程，还能促进每一名团队成员的发展。

招聘程序系统化。如前文所述，麦肯锡遵循严格、正规的招聘程序。它拥有一支由咨询顾问和专业人士组成的专职团队，负责针对每个目标学校制订详细的招聘计划，具体列出任务清单和预算。他们精心确定候选人，跟踪这些人的情况，并经常与那些相中的热门候选人进行沟通。无论你是否最终通过了它的招聘程序，都无法质疑其效率和效果。麦肯锡引以为豪的是，它能够避免“招聘错误”。

要想改进招聘，就要花点时间建立一套完整的招聘流程。例如，比尔·罗斯正致力于将通用电气的招聘流程系统化。

> 通用电气各个层级人才济济，但也有不符合要求的。招聘，尤其是面试流程，能起一些作用。这是麦肯锡的强项，因而，麦肯锡的职员百分之百都是业绩卓著

的顶尖高手。系统、完整的招聘流程，能在这方面发挥作用。我还没有机会向通用电气全面传授这些经验，不过还真有这种必要。

不是所有的公司都需要像麦肯锡那样在招聘方面投入大量的精力和资源。它们可能不像麦肯锡那样每年招那么多人，也可能不需要那么多的世界顶级人才。但毋庸置疑的是，雇员是每一个组织的重要组成部分，因而，你应该好好思考自己的招聘策略。在这方面，可以向麦肯锡学习的关键经验，不是招聘要多正式，而是要重视事先规划，并保持招聘流程的完整性。

实施指南

考虑自己的组织时，必须要回答两个关键问题：该聘用什么样的人？怎样聘用？

要回答第一个问题，需从自己的业务需求出发，不应仅仅是简单的基本工作描述。这个人将负责的最主要任务是什么？尽管所有的职位都会涉及大量工作，不过你可以用电梯法则（见第5章）来评估一下这个岗位，将岗位描述压缩成几句话。再回到 Acme 装饰品公司的例子中，假设你现在负责为垫圈部门物色一名采购经理。此人将负责以尽可能低的成本确保树脂、塑料和特种聚合物等生产原料的供应。

草拟一张清单，列出胜任上段所述主要任务所需的关键能力和背景。物色采购经理，其实寻找的就是电话沟通能力、谈判能力强以及具有数学或会计背景的。注意，熟悉垫圈生产这一点不用列出，因为你要相信，Acme 完全可以对入选者进行这方面的培训。而如果缺乏清单中列出的技能，培训起来可就难多了。

现在，你已经知道想聘用什么样的人。下一个问题，怎样找到合适的人选？你需要制订一份计划，明确可能的来源，详细列出所要完成的各项任务和所需的种种资源。你决定由乔和罗宾两人共同负责垫圈部门的招聘事宜。他俩将重点关注当地社区学院近期的数学和会计专业毕业生，最好有一点制造业经验，但这并不是必要条件。他俩还要有一笔临时预算，以备在社区学院招不到人时到邻近各县物色，而社区学院如提供的是一份过去 5 年的毕业生名单，也需要额外预算。你还可以在当地报纸上刊登一则广告，或是在主要的求职网站上发布招聘启事，因为，你永远也无法知道谁会冒出来。

现在，考虑一下新任采购经理将带领怎样一支多元化的团队。如果每个人的背景相同，个性相同，你可能就会错失多元化组合才可能激发的创新机会。比如，如果一名成员来自其他国家，他就可能对人际关系有新的看法，从而有助于你处理与供应商的关系。再比如，另一名成员具有计算机编程经验，他可能会改进你的库存管理系统。仅仅向不同背景的人敞开大门并不够，你还得去寻找他们，而本节的建议，便是良好的开端。

练习

- 界定你的梦之队。开始这项练习时，完全不用考虑那些正在为你工作的人。想想你最重要的各项任务，明确哪些任务需要他人协作。然后，利用本章所述技能，确定具体的业务需要，并设想出帮助你实现部门（及整个公司）目标的理想团队。完成练习后，把这个梦之队与你当前的团队做比较，想出如何尽量弥补两者差距的策略。

- 制订一份招聘计划。在本项练习中，假设你希望组建一个新的部门或设立一个新的岗位。写下你的招聘计划，涉及这几个方面：业务需要、技能要求、负责招聘的人员、来源及预算。

内部沟通

沟通是有效管理团队的最重要内容之一。没有沟通，团队就无法运转，然而，它的重要性却往往被低估。不过，没有放之四海而皆准的最佳沟通方式，因此，本节我们将探讨一些具有普遍性的沟通原则，这些原则应有助于你培养自己的沟通能力。

麦肯锡方法

麦肯锡的一条原则表达了沟通的重要性，即：让信息流动起来。

让信息流动起来。信息就是力量。与其他资源不同，基于团队工作的需要共享信息，会使信息的价值得到提升。要使团队获得成功，你必须保持信息畅通。你总不会希望某人仅仅因为不了解信息，而做出错误的决策或对客户说错话吧。

团队主要通过发送消息和召开会议来进行沟通。两者都应简明扼要。此外，要记住处处留心皆学问的艺术，即要时常会见团队成员，从而与不参加预定会议的成员保持一定的联系。

经验与实例

每一个组织都会建立起“沟通文化”，来主导内部沟通的方式和频度，麦肯锡也不例外。在麦肯锡的对话中，你大多会听到一些特定的用语（如“期限到来之际”“那又怎么样”，及“客户影响”等）。你还会见到一些惯有的风格（比如电子邮件都很简短，将问题分为 3 类，24 小时内答复等）。鉴于我们是为其他组织提出建议，因而，我们认为，讨论普遍性的原则而非麦肯锡的具体做法，应该更为重要：

- 记住，你有一张嘴，但有两只耳朵
- 重要的不在于你说了什么，而在于你是怎么说的
- 沟通过度胜过沟通不足

记住，你有一张嘴，但有两只耳朵。迪恩·多尔曼离开麦肯锡后，曾在通用电气和两家新兴高科技企业工作。他一向健谈、性格外向、幽默诙谐，这给他的职业发展带来了很多好处，不过，他也懂得倾听的价值。

我最近的一个职务，是担任银橡树公司总裁，其间，我的倾听技巧起了不可估量的作用。我为董事会效力一年左右，听取了公司高层对于业务问题的讨论。为了更好地掌握公司的情况，我就任总裁后的第一件事就是“看、听，学”，和公司内40多名关键人物逐一进行两三个小时的面谈。在我检验自己对某项改革的假设之前，应该弄清人们的确切想法。

大多数人总是说的比听的多。在管理领域，这可能

会出问题。我们不仅会因缺乏重要的事实依据而冒决策错误之险，还可能招致对变革的抵触，因为相关人员会觉得，自己的意见没有得到重视。尽管首席执行官等人物意识到了倾听的重要性，但是，在学校课程或公司培训中，又有多少涉及这方面的内容呢？

阿兰·巴拉斯基现任职全球最大的咨询与会计师事务所之一普华永道，他对此铭刻于心：

> 一想到团队工作方面的重要经验，我脑子里蹦出的就是：沟通，沟通，再沟通。无论是重大决策、里程碑事件、项目，还是其他什么事情，都是一样。我的经验是，听的价值胜于说。

如果我们说的只有听的一半，这个世界会变成什么样？谁知道，没准会少呼出一些二氧化碳，减轻全球变暖的程度。或许还会减少一些噪声污染。我们也许会学会字斟句酌，也许会更加深思熟虑。在本章后文的实施部分，我们将讨论一些具体的倾听技巧。

重要的不在于你说了什么，而在于你是怎么说的。

在当今职场，误解比比皆是。沟通是一门艺术，处处有推理，时时有旁敲侧击，微妙的差别无处不在，要如愿传递我们的信息，可谓非常困难。而个性、文化背景和各自安排的不同，又使得这些问题更加复杂。

为了减少团队间发生误解，麦肯锡建立了一套人际交往技能培训计划。培训主要有三方面内容：第一年为角色扮演互动培训，第二年或第三年为高级人际交往技能培训，同时，还有广泛运用于大多数项目团队的MBTI职业性格测试[⊖]。这些培训，说明了灵活进行口头沟通的重要性。

我们都有一些源于抚养、教育和培训等习惯的沟通方式。我们的用词和语调，在与同事和客户的日常交流中产生重要影响。因而，有必要有意识地认识自己的沟通方式，有时还得改变。正式的培训计划，如麦肯锡所采用的计划对此会有所帮助，有助于我们培养自己的沟通技能。对我们身边的人、父母、配偶和朋友，也能有

⊖ MBTI职业性格测试是心理咨询出版社发布的个性与沟通评估工具，版权归该出版社所有。还有其他工具，如凯尔西气质类型测试（Keirsey Temperament Sorter）。

所帮助。

李·纽曼是HR One公司负责在线产品开发的执行副总裁，他讲述了离开麦肯锡后如何将这种工具带到新的企业。

> 麦肯锡的人际交往技能培训对我的影响极大。这种培训，对我制定出让个人在团队中发挥最大潜能的策略来说，价值不可估量。我带过来的具体工具之一，就是MBTI职业性格测试。我们广泛使用这项测试，它帮助我们平衡个性和工作风格的多元化，并更好地为工作服务。

熟悉自己的沟通风格，理解他人也有自己的独特风格，我们往往就能够听出弦外之音，知道别人真正在说什么。

沟通过度胜过沟通不足。烤鸡的时候有一个火候问题。火候太过会烤焦，火候不到，就可能吃坏肚子，也许得飞快冲到急诊室。沟通也一样，我们往往不是说得太多，就是交流不够，很少能恰到好处。然而，就像把鸡烤焦了总比没烤熟要好一样，沟通太多总比沟通太少要好。

我们来比较一下沟通不足与沟通过度的代价。沟通不足会导致信息的缺乏，进而出现错误。这还会使团队成员感觉被排斥在外，由此产生距离感，从而破坏团队士气。甚至，我们为了节约时间而不传递信息时，结果往往不得不在事后弥补。

沟通过度的代价通常要小得多。没错，当你提供太多的信息，忙碌的高管会心烦，但整个组织要付出的代价并不高，除非过度沟通走向了极端。在信息流动中增加一些人，边际成本很小，特别是现在，电子邮件、语音邮件和内部网络等现代通信工具使用又如此方便。

此外，沟通过度的代价也大多是“机会成本”：高管本可用来开展增值工作的时间，现在却不得不更多地用来过滤和吸收信息。沟通不足，却可能会失去客户，发生意外，惹出官司。与这种价值的损毁相比较，你就会明白，我们为什么会说，信息多了还是比信息少了要好。当然，这一假设也是有局限性的，应该具体问题具体分析。但总的说来，既然错误难免，那就还是犯沟通过度的错误吧。

实施指南

有什么具体措施能改善所在组织的沟通状况？首先，开展正式的倾听培训。在对麦肯锡校友的调查中，我们发现：一般而言，他们离开麦肯锡后加盟的组织中，人际交往技能培训远比在麦肯锡的少。自然，并不是所有的企业都属于知识型行业，不过，企业培训正日益成为获得竞争优势的来源。企业培训的支出非常庞大，然而却仅有一小部分用于倾听培训。倾听和组织行为方面的外部专业顾问，可以帮助诊断某个企业内部的沟通状况。在这方面，麦肯锡就经常性地借用外部咨询顾问的力量。

其次，启动一项性格测评的计划，并将其纳入企业人力资源管理的内容之中。第一步，要为企业找到适当的测评工具。麦肯锡采用的是MBTI职业性格测试，大多数新进公司的咨询顾问（甚至他们的配偶或其他重要相关人物）在职业生涯的早期就接受了这项测试。这种工具有助于评价个人的基本性格和沟通风格。具体来说，它评价个人的交往类型、解决问题的方式及敏感性。你可以用它来评估某个项目团队或部门成员之间的个性差异，从而明确处理冲突的策略。

练习

- 对你本人做一次 MBTI 职业性格测试（如果愿意，也可测评一下自己的配偶）。有关信息，可访问心理咨询出版社网站，网址是 www.cpp-db.com。看看你的性格类型，了解自己的沟通风格。考虑一下，如何才能最恰当地处理与同事及配偶间的互动关系。如何拓展你的沟通能力？如何在与他人交往时更加灵活？

联络感情

联络团队感情这一概念尽管易于理解，但却常常被忽视。原因何在？也许，是因为商业的本质就是冷漠地一路向前，只注重结果。我们常常发现，自己置身于生硬的团队之中，因为我们往往过于注重最终的结果，而忽视了过程的价值。本节旨在提醒你，请花点时间和精力联络团队感情，你所需要花费的，也许就是那么一点点时间。

麦肯锡方法

关于联络团队感情，麦肯锡有两条经验。

掌握火候，保持团队士气。没有人喜欢走进冰冷或酷热的房间。所谓把握火候是一种比喻，它强调与团队成员保持联系，在充满挑战的项目进程中保持士气和热情的重要性。负责激励士气的人员，应掌握稳定的进程，向团队所有成员通报项目的进展及各位的贡献，尊重每个人，相互了解并体谅他人的难处。

一点联络感情的活动，会大有裨益。如果一个团队每天工作 14 个小时，每星期工作 6 天，那么，在剩下的宝贵时间里，大家最不愿做的，就是一起去迪士尼乐园或到城里最昂贵的餐厅聚餐。搞这样的活动当然可以，但重要的是应保持平衡。太多或太少都不好。其实，工作期间也可以联络团队感情，那就不时放松放松吧。

也就是说，在筹备团队联谊活动时，要讲究策略。重点是人人都乐于参与的活动，如果可能，让他们的家属或好友也参加。

经验和实例

麦肯锡校友们往往表示，在离开公司后的新岗位上，联络感情的活动不再是一种规定。因而，他们没有径直建议去度假村、共享丰盛聚餐或携家带口参加集体娱乐活动，而是提出采用较为保守的方式，当然，目的仍旨在通过联络团队感情来提高绩效。这方面的经验可总结为两条：

- 抽时间共处（但不要太多）
- 丰厚回报

抽时间共处（但不要太多）。丹·韦托负责美国保险巨头康塞科公司战略分部时，在联络团队感情方面投入了大量精力，提出了一些新的想法：

> 我相信，团队活动是必要的，这是我们在麦肯锡的叫法。这家公司和许多其他公司一样，不大熟悉这种观念。不一定要花很多钱。如果你考虑到对提高生产力的影响，考虑到增进彼此了解所鼓舞的士气，从成本与收益的角度来看，即便带十几个人去撮一顿，也算是便宜的。我非常相信这点，所以有时甚至自己掏腰包请大家。
>
> 在这些活动中，大家会拍照留念，把照片搁在办公桌上，这有助于帮助我们增强集体认同感。有些部门也在效仿，但可能做得还不够。

也许他们应该再做一些尝试。麦肯锡校友的其他例子也证实了韦托的观点，如果大家能在工作之余娱乐娱乐，这既会带来丰厚的回报，也不会有多大的支出。

联络团队感情，不一定要有娱乐主题，工作中一样可以增进感情。麦肯锡的培训活动安排在具有异国情调的地方，培训地点就是令人难以置信的度假村（通常会有高尔夫球场、滑雪胜地或者海滩）。现就职于雷诺兹公司（Reynolds & Reynolds）的库尔特·利伯曼将这点铭记于心：

> 我从麦肯锡带走的最有效的方法之一，便与联络团队感情和解决问题有关。每隔一个月，我就会与公司最高两个级别的人员在公司外面找个地方待上半天。大多数工作是分组完成，互相汇报成果。有时不同的小组解决的是同一个问题，有时不是，但始终在联络感情。

这个例子说明，团队活动也可以在工作中开展，仍然有助于联络感情。不一定要到什么新奇的地方，只要换个地方，就会创造出不一样的世界。

麦肯锡的校友们还建议要注意适度。按喜剧演员史蒂文·赖特的话来说，就是："你不可能拥有一切，不然你该往哪儿放呢？"[㊀]太多的联络活动，可能会让团队

㊀ 据本文作者所知，史蒂文·赖特（Steven Wright）不是麦肯锡校友。

不堪重负。而这也正是一位校友离开麦肯锡的原因：

有时，麦肯锡对联络活动的要求太过严格。事实上，我最终无法应付的就是这种生活方式。除了正常的客户工作，公司要求太多了，如参加招聘活动、团队晚宴、在职培训等。我为了客户的项目那么辛苦工作，还让我抛家舍子参加公司组织的度假活动，或者花一晚上去取悦可能要招聘的分析人员，这没法让我兴奋起来。这些额外的要求发展到了失控的地步，因为高层没有人关注这些（要求）负担有多重。具有讽刺意味的是，一个人越是成功，要做的额外工作就越多，也就越有可能离开公司。

也许因为这种担忧，某些公司干脆避免类似的社交活动。我们不建议这样做。这种活动所带来的提高绩效的效果，在大多数现有的工作环境下是无法复制的。我们建议，少安排一些活动，但要讲究策略。特别注意时机、类型及参与人员，确保以最低的成本创造最大的效益。

丰厚回报。Acorn系统公司是一家技术咨询公司，总裁兼CEO史蒂夫·安德森一进公司便发现，这里的工作气氛甚至比麦肯锡还要紧张。不过，他告诉我们，这儿的回报也更丰厚：

在Acorn比在麦肯锡还要紧张，因此，我们不得不既要努力提高士气，又要促进团队间的感情联络。我们在工作中几乎没有丝毫松懈。因此，为了完成任务，我们会举行长时间的美好晚宴，会住舒适的宾馆，还会举办派对。令人惊异的是，在如此紧张的氛围中，咨询顾问仍然斗志昂扬。我们还有其他的回报，如经常性的工作晚宴，办公室有星期五餐厅供人人享用（Fridays in the Office）。周末谁都不用加班。所有这些制胜的回报哲学，几乎都是从麦肯锡偷来的。

当然，不是所有的组织都如此紧张（谢天谢地）。不同类型的回报，会在不同的公司见效。比如，有些校友提及自己的新公司实行发奖金、奖品、多休假或公开表扬等。这样的回报不一定是物质上的。往往，广泛宣传的表扬，简简单单，甚至比物质刺激更能提高绩效。

实施指南

在筹备联谊活动时，要牢记两点：文化和资源。

和管理学的许多主题一样，就如何更好地促进团队感情而言，组织的文化背景（或部门、团队的文化背景，因为一个组织内部也会有不同的亚文化）发挥着重要作用。各公司的规定和可接受的行为千差万别，比如，一家典型的硅谷电子商务公司的某个团队可以在外面狂欢一夜，而这在宝洁公司看来却是不可能的，因而，我们不敢斗胆建议究竟哪些活动最适合你。不过，我们仍然相信，适当的放松，对大多数公司来说都是有所裨益的——当然，并不是说筹备不讲策略，开支不加控制，只要大家工作起来更舒畅就行。除了年度公司野餐和高尔夫之外，我们还建议你考虑其他活动，如玩卡丁车、打保龄球、滑雪、打彩弹等，只要能让大家换换脑子，有助于联络感情的活动，都可以考虑。

一旦你提出了最终的活动方案，就得考虑活动资金问题。300 人一起去玩彩弹，花销可不少。坦率地说，我们是假定一定数量的联谊活动能提高绩效。这在我们看来直观易懂，而且，鉴于众多的公司花费大量资金来组织这类活动，看来全球大多数公司也这么认为。尽管如此，如果你的组织在联络感情方面投入不多，你可能得汇报一下这种活动的好处，从而说服掌管单位钱袋子的人。

如何着手呢？如果公司的决策者喜欢定性的分析，你可以呈交一份建议，直观地说明联谊活动可提高绩效。另一方面，如果你所在企业的文化推崇量化论证，就要对可以提高的绩效进行财务分析。如果能在自己所处行业或公司中找到最佳实践的例子，如有某个尤其擅长联络感情的业务部门，不妨用它来支持你的论述。还可以先搞小型试点。如果你能通过绩效的提高，来证明这种活动的好处，那就拥有了起点，可以从这里出发，在整个企业内推广联络感情的活动。

在筹备活动时，切记要适度。例如，一年内只规划几次主要活动。尽可能地让更多的人参与筹备过程（甚至可以发调查表征求意见）。这样，大家会更加积极地参与，最终更容易得到认可。另外一个实用的窍门，就是要评估员工对不同类型活动的满意度，坚持开展最受欢迎的几种活动。最后，不要忘了讲究娱乐性。

练习

- 评价自己公司的回报制度。罗列出自己公司所有的回报机制。确保将物质回报和非物质回报都包含在内，但要分别进行调查。然后，在每份目录下对各项回报进行排序，用以下问题作为评判标准：就激发士气和联络团队感情而言，这种机制对我来说有多大意义？可能的话，请团队或部门的其他人一起做这一练习。试着找出几项最有效的回报机制。如果你有权力，可以考虑能否争取更多资源，以确保留住最有效的几项机制。
- 为你的团队或部门制订一项社交活动计划。要遵从本节“实施指南”中的建议。让他人参与筹备过程也许有益。重点是确定大家最欢迎的活动类型和最方便的活动时间。计划内容要尽可能周详，启动活动时要参照此计划。

个人发展

我们认为，一份令人满意的工作，应该给职员提供广泛的发展空间。个人的发展，并不仅仅依靠经验的积累，还要借助目标设定、绩效评估以及反馈程序等来实现，既有助于雇员实现事业上的目标，又有利于企业实现发展目标。

本书最初的提纲，也可以称作我们的初始假设吧，本来没有个人发展这一章节。然而，在重温麦肯锡校友们的访谈记录后，这个主题浮出了水面，成为麦肯锡校友在麦肯锡所吸取的最重要经验之一，同时，这也是他们在新的工作岗位上积极运用的一条经验。我们希望，读完本节内容，你能够认识到，在团队管理方面，最重要的一项职责，就是要保证团队的每一名成员得到发展。

麦肯锡方法

麦肯锡精心培养能够解决商业问题的一流咨询顾问。在麦肯锡的企业文化中，个人发展的概念如此根深蒂固，这已成为它的第二个特质。

经验和实例

我们剖析了麦肯锡的个人发展状况，访谈了麦肯锡校友，以期找到其他企业用以评估和改进自己的培养计划的途径。麦肯锡校友们明确告诉我们，他们是如何将麦肯锡的经验运用到新单位的。他们给了我们两个总的指导原则：

- 制定远大目标
- 定期评估，保持平衡

制定远大目标。我们采访吉姆·班尼特之初，他正负责科凯国际的零售银行业务部。访谈一开始，"绩效抱负要远大"便成为我们讨论的中心话题。

在新的岗位上，我所掌握的最重要的麦肯锡工具，就是能够制定非常远大的绩效抱负，并推动组织去实现这个抱负。例如，我和我的团队制定了削减一亿美元成本的目标，并公之于众。这目标是够宏伟的，但我们会积极进取，努力实现，当你有了“不成功便成仁”的决心，所能做出的成绩的确令人惊叹。

适合于组织的，同样也适用于个人。抱负远大，成果就大；预期低，效果也差。发展意味着变化，意味着很多人会感到不自在。通过制定宏伟目标（也意味着丰厚的回报），主管人员就可以克服因惧怕改变而产生的惰性。制定至少初看之下无法实现的“过火”目标，会迫使雇员及整个组织表现出创造性，激发出能力，为实现目标而奋斗。

定期评估，保持平衡。反馈是一把双刃剑。一方面，我们渴望知道别人对自己的评价，既可借以自我提高，又可满足自尊心。而另一方面，当我们不得不面对自己的不足时，反馈又会让我们感到不安。如果处理得当，反馈便是个人发展的一把最重要的利器。在这方面，麦肯锡给我们提供了一些好的经验。

麦肯锡创建了若干正式的个人发展工具，你可以拿来为我所用。首先，为每名咨询顾问指定了一名正式的导师，即发展组长（Development Group Leader, DGL）。这样的人物通常是公司合伙人，负责跟踪咨询顾问在公司内的发展，能够掌握对某位咨询顾问的所有绩效评估，会与项目团队的其他成员详细讨论这些评估。

麦肯锡也使用一种正式的评价表，在每个项目完成后，项目经理或合伙人要为每名相关咨询顾问填写此表。其中包括一系列重要的技能（分析能力、人际交往能力、领导能力等），会写下对每个层次的咨询顾问在每个方面的具体期望。麦肯锡的某些办公室还实施全方位的反馈计划。根据这样的计划，与咨询顾问存在联系的任何人都要对他进行评价，包括下属、同僚、上司甚至行政人员。麦肯锡的许多团队还进行团队绩效评估，明确地对团队合作的绩效进行评估。在麦肯锡，不存在反馈不足的问题；事实上，有些人可能还觉得反馈过头了呢（本节末将论及这一点）。

麦肯锡校友认为，这些评估技术非常有效。走进新单位后，有些就没有这种反馈机制。现任梅隆资产管理公司总裁的罗恩·奥汉雷曾尝试在该公司建立类似的畅通反馈渠道。对于自己的尝试，他反思道：

> 真正的团队都具有开放、畅通的双向反馈渠道。这在等级森严的传统企业是难以做到的。在这里，尤其对我来说，开放的反馈已成为一种生活方式。

芭芭拉·古斯是Digitas公司副总裁兼市场副总监，她也在麦肯锡掌握了一些具体的工具：

> 我曾经在自己的团队非常有效地运用了类似团队绩效评估的工具。我曾经加盟过的一些组织，往往在团队成员选择、评价和发展方面都不彻底。在这方面，（麦肯锡的）发展组长是个重要角色，而其他组织往往会忽视这一点。在麦肯锡，你真的觉得有人在支持自己的进步。

这种严格的经常性评估和发展建议，并非人人适用。即使我们每个人都能得到发展，但在发展的道路上不时会遇到令人不快的障碍。有人认为，麦肯锡忽略了平衡问题。在进行评价时要考虑两个因素：数量和类型（是积极还是消极）。

数量问题，即多少评估才算充分？评估太少，员工会一头雾水，只能依靠自我评价能力来向前发展。评估太多，可能会对士气产生负面影响。雇员也许会觉得压力太大，太在意评估，以致忽略了本职工作。

实施指南

正如我们在本节开头所言，个人发展是持续、循环的。当你负责某人的发展即你充当领路人时，就得为此人制定发展目标，且这种目标要同时满足集体和个人的需要。然后，你必须评估该员工的工作绩效，并提供反馈。还要根据这种反馈，制定新的目标，开始新一轮的循环。

和本书的大多数实施指南一样，首先要明确组织的目标。你的员工（或你自己）负责的最主要任务是什么？在咨询业，可以分为分析、团队合作以及汇报。在上述每个方面为每个人制定宏伟的目标。还要考虑你指导的那些人的目标。你应该与他们见面，为他们制定工作事业上的目标，并将这些目标纳入你所制定的目标范畴。

接下来，考虑如何将这些目标与你的雇员进行沟通。是通过一贯执行的正规程序，还是比较松散，依靠更有经验的雇员口头转达和建议？这两种方式都各有优劣。选择哪种，取决于你的企业文化。很可能你知道哪种方式最适合所在企业的文化。

某些企业尤其难以改变，原因在于，关于公司的正式和非正式程序以及各种激励计划，员工们已经形成了一定套路，甚至还形成了完整的特性。

绩效评估要满足三个标准：要客观，要以事先制定的目标为依据，要只考虑你负责指导的人所能控制的事件。指导过程要从员工的角度出发，客观性必须是第一位的。你不一定要喜欢指导的每个人，但绝不能让个人感情妨碍你的工作。此外，如果你没有事先就你的预期进行沟通，员工就会觉得很盲目；这样，你就不能指望他达到目标。不要对他无法掌控的事横加指责；如果客户破产了，或是经济突然衰退，不大可能是他的错。

最后，考虑一下你所在企业的反馈频率和反馈方式。许多人想当然地以为，发展评估就是提出反面意见，指出错误，提出改进建议。然而，积极的评价，在个人发展过程中也发挥着重要作用。

我们来探讨一下积极评价和消极评价对绩效的影响，并用一幅图来说明我们以经验为依据的假设。如图 6-1 所示，绩效曲线随评价的性质发生改变。简便起见，把评价分为积极评价和消极评价；消极评价指出不足，积极评价赞扬优点。对了，措辞委婉的消极评价并不是积极评价。

以下是图 6-1 所表达的信息及我们的假设。首先，一些消极评价能对工作绩效产生重要影响，缺少这样的评价不利于个人发展（如果好好找找，谁都会发现自己有可改进的地方）。但是，太多的消极评价会很快让个人的表现急转直下。人非草木，只能听进和喜欢一定数量的消极评价，再多了就会打击斗志、士气低落。积极评价绩效曲线的斜度要和缓一些，这表明需要较多的积极评价，才能真正提高绩效。不过，积极评价对绩效的影响持续时间要长些，最后会达到最佳平衡点。超过这个点，积极评价就会显得表面化，或者让人觉得难以置信。

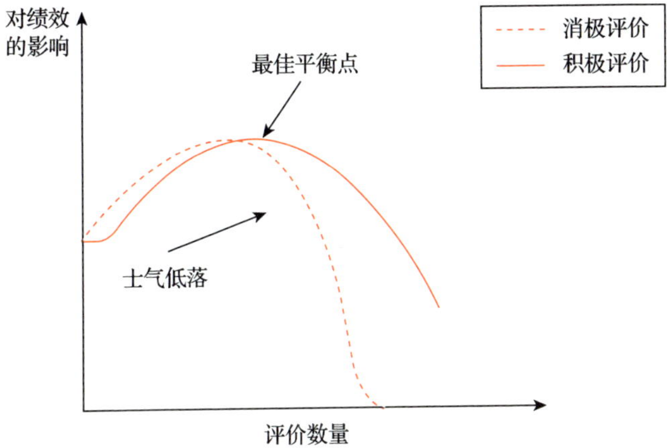

图 6-1　反馈模型

总之，通过这幅图可知，最好的策略是保持反馈的平衡。指出缺点和改进空间的确重要，但要避免过头，不能每一点都是“改进意见”。积极评价也有着至关重要的作用，人人都可以多说“好样的”“你真棒”等言辞。

再次声明，平衡是关键。如果是言不由衷，太多的称赞会产生反面效果；如果又没有指出任何改进的领域，更会如此。

练习

- 进行一次自我改进之旅。考察一下自己有哪些地方需要改进。我们建议让其他人（直接上级、同僚、配偶、朋友等）也参与这个过程。为此，尝试使用专门开发的一些成套工具（如美国创造性领导力中心和富兰克林·柯维研究所开发的工具）。你的目标：诚实地评价自己的优点和不足，不仅仅是自我评价，还要接受他人的评价。除了明确自己总体改进目标，还要确定一两个重点（如果太多，可能会打击你的积极性）。
- 明确你的直接下属需要改进的地方。你虽然每天和他们打交道，但你是否曾经花时间真正思考过他们有哪些地方需要改进？要从对方的角度而非你的角度来考虑。应对每个人进行全面考察，而不应仅仅从你的要求出发。为每一名直接下属列一张表，列出积极的评价和消极的评价（说好听些，就是改进空间）。你可以请他们列一张自我评价表，同时也给自己列一张。然后把他们的评价表和你的进行比较。要避免在午餐时做这项工作，免得导致午餐不欢而散。

结　论

过去 50 年来，学术界和实际工作者广泛重视团队管理和领导力研究，出于合理的原因，这方面的微小进步，就可以产生明显的效果。因此，本章中提到的大部分概念都不新鲜。相反，我们的重心，乃是从麦肯锡咨询顾问丰富的团队工作经验中，淘出智慧的金子。

团队管理与其说是一门科学，不如说是一门艺术，本章提出的具体建议也许并不适用于所有情况。即便如此，慎重选择、时时沟通、精心联络团队感情以及有目的性的发展等，这些普遍性的原则，都可以为我们所用。

· 第 7 章 ·

客户管理

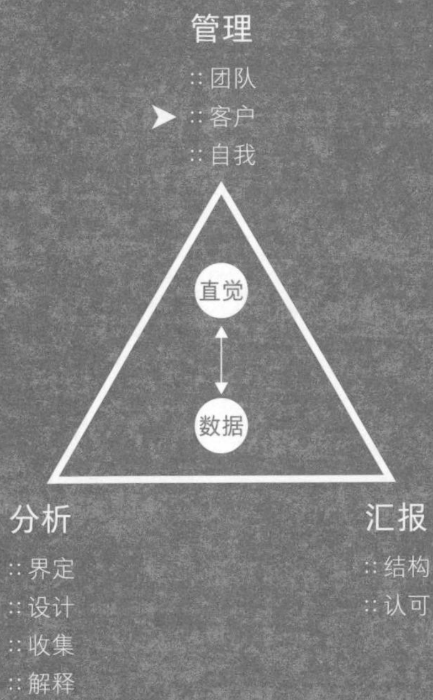

谁是你的客户？根据具体情况，可以是消费者、卖主、供货商、老板、首席执行官、股东等。要想取得事业成功，就必须客户至上。作为一家专业服务公司，这一信条是麦肯锡愿景的核心。

与客户打交道（无论是从经济还是精神意义上来说），都可以是一种非常奇妙的丰富经历，都可以是一种真正的双赢。然而，却又往往既具挑战性，又令人沮丧。如果你搞销售就会知道，总在寻找新的商机是多么不易。即便不从事销售，只要你身处商界，就总有你不得不去满足的客户。

本章我们将从三个方面讨论客户管理：赢得客户、维护客户及巩固客户。赢得客户的理念显而易见：管理客户，首先必须获得客户。维护客户，就是在项目进程中让客户参与，让客户满意。这与留住客户有所区别，因为留住客户，是某个项目结束后让客户成为回头客的艺术。你会看到，麦肯锡校友们在这方面的经验，将有助于你让更多的客户更加满意。

赢得客户

本节将向你介绍一些赢得新客户的方法与技巧。在这里了解的经验，可能与传统营销书籍和杂志有所不同，原因在于，我们相信，最好的营销，就是不营销。

麦肯锡方法

麦肯锡赢得客户的方法很独特。

如何做到功夫在诗外。如果你询问麦肯锡咨询顾问，麦肯锡是如何进行营销的？也许人家会用一种略带傲慢的口气回答，麦肯锡不搞销售。这只说对了一半。

事实上，麦肯锡的确要进行营销，只不过是采用了间接方式。它没有借助冷冰冰的电话和广发邮件，而是几乎无一例外地依赖现有关系来赢得新的商机。麦肯锡的许多项目都来自回头客，都是某个项目结束后老客户又找上门来的。为了建立良好的关系，公司做足了市场：出版书籍、发表文章、提供广泛的社区服务（这样，麦肯锡咨询顾问往往有机会结交热衷于慈善事业的公司高管），并主办一些主题演讲和研讨会。所有这些努力，都使麦肯锡声名鹊起（如果说它还需要扩大名声的话），同时，也扩大了麦肯锡掌握的公司决策者关系网，而这些人中的任何一位，都有可能打电话给当地麦肯锡办公室，请它解决自己的商业问题。

谨慎承诺：严格规划项目。用老布什总统的话说，就是“言出必行”。多年来，麦肯锡懂得了信守承诺是多么重要。遗憾的是，甚至麦肯锡有时也会忘记，只有合理的承诺才能得到履行。在拟定项目的条款时，切记不可做出过分承诺，因为过分承诺会让你无法履行诺言，也就不可能赢得回头客。相反，要在客户的要求与团队能力之间保持平衡。如果客户希望你做更多的工作，可以在项目结束后，把它作为第二个项目。

经验和实例

初看之下，人们可能会觉得，在咨询业赢得客户与其他行业迥然不同。然而，如今身居其他行业的麦肯锡校友们却表示，麦肯锡的经验对他们也有帮助。我们总结出最主要的两条：

- 确定客户
- 利导，而不强求

确定客户。这还用说吗？也许说比做更容易，大家都懂得，这对确保成功合作是必不可少的。以政府为例，你也许认为，在这种等级森严的传统组织，很容易确定客户、明确客户需求。西尔维娅·马修斯曾在克林顿政府的管理和预算办公室担任副主任长达八年之久，她并不这么认为：

在这里，明确你的客户并不总是那么容易，它绝不是透明的。例如，我就不止一个客户。总统和副总统是头号客户。接下来是各内阁部门，每个部门都有不同的人想成为关键人物。还有一些跨部门团队需要管理。此外还有国会，这可是至关重要的客户，因为它负责批准至关重要的法律。

你面临的挑战，不仅仅是确定客户，还必须进一步深入。每个客户都有自己的具体议程安排，你必须加以考虑和平衡。马修斯称，最佳的处理方法就是“不断协调”。要掌握客户的真正身份，处理好相互冲突的需求，这并非易事，需要倾注大量的时间和精力。

利导，而不强求。比尔·罗斯离开麦肯锡时的职务是项目经理，仅次于合伙人，他从未花工夫为如何获得新项目发愁。加盟通用电气公司后，尽管他并没有外部客户，仍认为必须要着手营销：

我的客户其实就是这家企业的CEO。同时，我还有许多客户，即各部门的经理。我们必须进行营销。我销售的产品，就是我的观点。许多情况下，我都设法让他们有不同的想法，然后把我的想法融入其中，让他们接受我的观点，这样，他们有什么问题时，就会来找我。这需要先期投入资源和时间。秘诀就是，让他人了解你提供的东西，这样，销售就不再是强求，而更像是利导。

这就是麦肯锡间接营销法的实际应用。它不是拿脚堵住门，生硬地讨价还价，而是树立信誉，让信誉为你生利。要让客户觉得，你是能满足他们需求的人，他们就会找上门来。

因而，有效的营销，就是明确客户的需求，并围绕这些需求加强自身能力建设。一旦这样做了，就可以让人们知道你会什么，从而着手施展间接营销的微妙艺术。由于你事先已经进行过调查研究，在营销时都用不着直言。只需要让潜在客户将他的需求与你的专长联系起来，这正如电影《梦幻成真》（*Field of Dreams*）中所言："如果你建立起来，他们就会来的。"只要确保他们找得到你即可。

实施指南

该谈谈 Acme 装饰品公司的团队了。新任采购经理（出现在本书第 6 章）卢卡斯刚刚结束新人培训，准备投入工作。遗憾的是，没人明确告诉他客户是谁。他知道，自己的直接领导是负责生产事务的副总裁玛德林（Madeleine），但他觉得，他还得向其他几个人负责。为了解决这个问题，他坐下来列出了自己打交道的人员清单，并随时更新。同时，他还列出了这些人对他的具体要求及相关时间。并且，他进一步明确了自己该怎样努力去协助他们完成任务。此外，他还分别用两个词来形容每个人的性格特点。

在分析了自己所处形势后，卢卡斯发现，自己要做的远不止订购原材料那么简单。例如，对老板玛德林（玛德林的老板是特洛特女士 /Ms. Trott）来说，他要确保存货保持在较低的水平，从而最大限度降低库存成本和损耗。而与他打交道最多的是生产主管格瑞斯和扎克（Zach），这两人希望随时有充足的原材料和备件，以免生产中断。而他的行政助理迈克，则希望工作能得到发展，而不仅仅是接听电话。在通盘考虑了自己的客户及其需求后，卢卡斯明白，他可以通过改进存货信息管理，来提高企业的潜在价值。于是，他决定购买一种调度软件（Scheduling Software），其终端连接生产主管，并可向老板递交费用日报。他还派迈克参加专门的培训，学习如何使用这个软件。

卢卡斯开局不错，很快因自己的创新解决方案声名鹊起。他之所以有这样的成果，是因为仔细分析了自己的客户及其需求。然后，在此基础上制订了创新解决方案，并让客户认识到自己的解决方案的作用。于是，客户便纷纷来找他了解更多的信息，不久，卢卡斯就得到了提升，负责知识管理部生产信息的联络。

练习

- 你准备进行什么样的营销？确定某个你一直在解决但却遇到内部阻力的重要问题。接下来，好好想想阻力的来源，即主要障碍在哪里？不要试图说服他人相信你自己的问题多有价值，而是找机会和人们分享你充分了解的东西，帮助他们解决现有问题。要以事实为依据，让人口服心服，提高你的知名度，赢得广泛支持。

维护客户

既然你已经赢得了客户，我们来谈谈客户管理的下一步：维护客户。这与维护任何关系一样，也需要细致考虑有关各方的需求和愿望。

麦肯锡方法

在这方面，麦肯锡有着丰富的经验，这也难怪，麦肯锡本来就一贯致力于客户服务。我们不再一一罗列，仅讨论以下关键几点：

- 让客户参与工作
- 时时回顾
- 获得整个公司的支持
- 如何与客户团队中的“讨债鬼”打交道

- 先摘好摘的果实
- 赢得整个企业的认可

上述经验可归入两个主题。第一个主题，要让客户积极参与，必须采取前瞻性的措施：让客户积极参与整个过程，而不是定期通报；要以直接推进的方式对待棘手的客户成员（或者实行“擒贼先擒王”）；微小的胜利，也有助于赢得整场战争，所以也要为此欢欣鼓舞。如上一章所讨论的管理经验那样，最好把客户参与看作一项独立的任务，给予特别关注，设身处地为客户着想。另一个主题，则以客户关切的问题为重心。要围绕客户的日程开展工作，提前告之日程安排，不要占用客户太多时间，感谢他们的工作，并对客户资料严格保密。

经验和实例

麦肯锡校友在离开公司后，对“客户参与”的做法深有体会。他们在运用这一原则中吸取的主要经验非常简单，就是要创造性和前瞻性地创造客户参与的机会。

创造参与机会。离开麦肯锡后，希亚姆·吉里德拉达斯创建并亲自经营一家咨询公司——Prism 国际咨询公司。他懂得，仅仅完成高质量的工作是不够的，客户的参与至关重要。

以事实为依据，创造性地解决问题，并提出客观、明智而切实可行的建议，是优秀管理咨询顾问的标志，然而，这还仅仅做到了一半。最有效的咨询，应该在客户“后院”开展。有一点极为重要，那就是要让客户组织各层面成员都参与，而不仅仅是 CEO 办公室的参与。“麦肯锡意识”所强调的，不是如何精彩地解决问题，而是如何在整个项目过程中不断沟通，有效融合，赢得支持。

希亚姆一语中的地指出了解决问题的关键：最好在客户“后院”进行。例如，越来越多的制造厂商将客户纳入了研发进程。研发部门经常派人亲自了解产品的使用情况，了解如何改进。成功纳入客户意见的另一个重要做法，就是“不断沟通”。正如推崇团队成员间的沟通那样，我们也同样建议随时让客户了解相关信息。

实施指南

当前，无论是在企业会议室，还是大学课堂，有关改变组织边界的讨论不绝于耳。有人认为，随着市场的流动与开放，传统的界线不断改变，“知识工作者”（Knowledge Worker）能够自己做主，大型企业也许将走向末日。推动这种潜在巨变的力量有两种，一是新技术，特别是有线和无线通信技术；另一种力量便是全球化。还是让专家来预测吧，而且他们也是这样预言的，人们对消费者作用的设想正发生变化。

如今的消费者要精明得多，要求也更高。因而，众多的公司（包括咨询公司）改变了经营方式，从最初的设计到最终的落实这一增值过程，都让消费者全程参与。会不会出现这种情况：你不只考虑到了预计客户会关注的大部分事宜，以致整个团队的意见已经成了客户意见？尽量不要向客户汇报，而是和他们一起共同创造。

练习

- 制订一项发展客户计划。考虑一下你最重要的客户。对方在你的产品或服务的设计与交付中参与了多少？发挥想象力，想想可以为客户提供哪些机会，让他们切实参与进来提供协助。不过，在发出邀请之前，要确保自己能说清他们参与之后（对你和客户双方）有什么益处。

巩固客户

本章最后一节，将专门介绍如何长期留住客户。这也是麦肯锡的战略重点。当前，它正着力与《财富》100强及世界各大型企业建立深入的合作关系。

麦肯锡方法

麦肯锡对待客户，采用的是“关系导向型”模式，而留住客户的关键，在于达到或超出客户的预期。我们来回顾一下麦肯锡的做法。

严格实施。这一点，麦肯锡花了很长时间才充分理解和加以落实。在很长一段时间里，让麦肯锡出名的，是它善于提出绝妙的点子，但实施起来却很难。换个说法，就是说，许多见解深刻的报告都堆在公司文件架上，已经积满了灰尘。为了避免你提出的主意遭到同样的命运，就要重视客户实施你的解决方案的能力。此外，在转入下一个问题之前，要提出一份明确的实施计划，包括应该做什么，由谁来做，何时进行。这不仅适用于咨询项目，对于涉及能在未来为企业创造价值的活动的内部项目，同样适用。

经验与实例

巩固客户，重在长期坚持。每一项决策，都要以对客户长期关系的影响为基础。麦肯锡之所以能够成功地与客户保持长期的关系，最重要的因素之一，就是它能够实现持续的改变。曾经，方案的实施被视为麦肯锡的薄弱环节。随着客户越来越精益求精，麦肯锡意识到不能再这样下去了。他们采取措施，不仅仅提高设计一系列变革方案的能力，还切实提高实现变革的能力。麦肯锡校友离开公司后，将这些经验带到了世界各地，运用到自己的新单位。他们建议：

- 分担责任，转移职责
- 让客户感到荣耀

分担责任，转移职责。有时候，你得学会取舍。就客户参与而言，反对这种做法的普遍意见，是对工作质量和工作效率心存疑虑。这种倾向的问题在于太注重短期效益。要让客户发挥更大作用，第一步就是要敢冒影响效率的风险。鲍勃·加尔达教授现执教于杜克大学福库商学院，他阐述了共同决策的优势：

> 谈起客户管理，我总是想起麦肯锡的一句话：“从后面包抄”（Cover From the Behind）。意思是说，在完成分析后，要去找向你提供数据的人，请他们帮你解释。这样，你就会结交许多朋友，建立起广泛的同盟关系。

这也与前文所述客户认可有关。但前提是，必须得到参与解决问题的客户（包括内部和外部）的鼎力支持。利用这种方法，由于客户共同经历了整个过程，还能确保你的解决方案最后移交到客户手中。

让客户感到荣耀。杰夫 · 坂口目前是埃森哲公司的合伙人，他总结出了一条非常宝贵的经验，可以证明客户参与解决问题流程从而共享荣耀的重要性：

> 麦肯锡和埃森哲都擅长的一个领域，是适应客户的结构。我们承认公司最高层有指导委员会是多么重要，但是，还得组建一支包含各层面客户的团队互为补充。客户的能力，远远超出很多人的想象。关键是要引进责任制和透明度。他们同样会为取得成功尽心尽力。他们会把自己当成主人，而我们的任务，就是帮助他们完成工作。

如果你把工作看作帮助客户取得成功的一种挑战，而不是只盯着自己如何取得成功，那么，就会有好的结果。这并不是说让你连基本的个人利益都不考虑，而是建议你在每天决策之前先虑及他人。正如上文杰夫所言，给予客户更多的信赖，为他们提供更多与你携手成功的机会。

实施指南

本节中，棘手的不是客户参与的目的，而是具体在何处让客户参与，或者更恰当地说，在何处避免让客户参与。为此，我们提出两项建议。

第一，搞试点，先摘好摘的果实。挑选只有一个实际客户的某产品或某部门，明确在哪些领域，让客户可以参与进来并尽量满足客户的需求。一旦取得成功，就可以在整个组织内推广。第二，控制进程。有些客户可能会得寸进尺（Turn Inches into Miles）。所以要明确参与的范围，包括目标、时间和确切的预期。

练习

- 确定客户参与活动的标准。选择某个与众不同的行业，确定该行业中客户参与交付产品或服务的程度。客户有哪些参与机会？有多少企业在像本章所述那样积极地利用客户？假设你在这个行业，你将如何加强参与？

结　论

麦肯锡致力于让客户参与探讨如何改变客户所在组织的现状。通过考虑如何更加积极地让客户参与，大多数行业都能从中学到宝贵的经验。此外，作为个人，我们一定要吸取他人的经验。

不过，下一章，我们将把目光投向另一个重要对象：你自己。

· 第 8 章 ·

自我管理

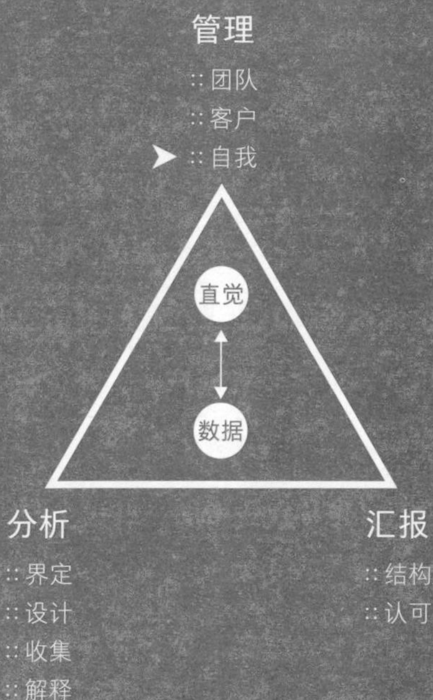

麦肯锡人常常戏称，麦肯锡真正的等级是客户、麦肯锡和自己。有人也许会冷漠地告诉你：记住，排在最后的才是你自己。因而，关于自我管理的内容，在书最后一章讨论也就恰如其分了。我们将谈谈麦肯锡校友实践中所运用的一些自我管理技能，既有职业方面的，也有个人方面的。

自我管理（也称自我帮助、自我改进），对不同的人有着不同的含义。在世界各地的书店，这方面的书琳琅满目，有号称助你成功的，教你如何学会条理的，引导你走向幸福的，帮你获得浪漫爱情的，还有教你如何减肥的。有些建议的效果可能还真不错。

我们的目标可没那么宏伟。在调查研究过程中，我们获得了一些经验，也许有助于你的事业更上一层楼，抑或有助于你协调工作与家庭生活的矛盾。我们将这些经验介绍给你，希望对你有所帮助。不过，我们不做任何承诺。

与本书其他主题不同的是，这方面没有“最佳实践”。我们都是一个个活生生的人，某项策略有助于解决汤姆生活与事业上的矛盾，但可能对迪克毫无用处，而对哈丽埃来说，还可能带来灾难性的后果。我们曾经说过，协助我们完成此书的麦肯锡校友都有着丰富的生活经验和职业履历，而且几乎都取得了事业的成功。他们必定懂得如何既保持身心健康，又获得人生的成功。

职业生活

我们假设，阅读本书的读者，即便不是已身处公司最高管理层，也都希望往高层迈进。本节我们讨论的一些技术会让你更容易地实现这种进步，也许还会加快进步的步伐。

麦肯锡方法

关于如何升到待遇丰厚的公司高层，麦肯锡人可分享的有很多。

找到自己的导师。在单位找一个资历比自己深厚的人做导师，充分利用他人的经验。即使有些企业有正规的指导计划，你也应该主动寻找，让这个人在纷繁复杂的公司生活中为你指路。

一次做一件事。这是借用棒球术语。你不可能什么都做，所以就别尝试了。只要做该做的事，并把它做好。一个人不可能什么都靠自己。如果你有一次的确成功了，周围的人就会对你抱有不切实际的期望。而一旦达不到他们的期望，就难以再得到他们的信任。所以，还是踏踏实实为好，这比一次本垒打成功了，而后十次有九次没击中要强得多。

让老板脸上有光。你让老板脸上有光，老板也会以你为荣。要尽力把工作做好，让老板知道，他什么时候需要知道什么了，你能告诉他。一定要让老板知道你在哪儿，在干什么，你可能会有什么问题。不过，也不要向老板轰炸过多的信息。你对公司的贡献也会得到回报，得到老板的赞赏。

积极进取，努力发展。有时候，要想获得成功，必须敢于表现。面对某个职位空缺时，你要毛遂自荐，别让他人捷足先登。这种策略可能会冒风险，风险越大，说明你所在单位等级层次越分明。要对他人的权利范围保持敏感，必要时随时迅速撤退。

好助手是你的生命线。作为繁忙的高管，有人替你完成大量必要的协助性工作，打字、复印、处理信息、管理文件等，可以说无比珍贵。不管从事这些工作的是秘书、助理、实习生还是初级职员，都要善待他们。明确告诉他们自己的愿望与需要，同时，给予他们多担责任和事业发展的机会，哪怕他们走的不是行政管理的职业路线。

经验与实例

对麦肯锡人来说，离开麦肯锡后，尽管许多事情发生了变化，但商业社会的压力仍然存在，甚至到了不可思议的地步。不过，尽管工作艰苦，足智多谋的麦肯锡人仍掌握了多种生存与发展之道。这些麦肯锡校友们乐于与你分享自己的职业管理技能：

- 让他人弥补自己的局限
- 尽量利用你的关系网

让他人弥补自己的局限。在本书中，我们一直倡导要理解他人的局限：你的客户、你的企业、你的团队，甚至是企业的组织结构。现在，我们建议你同样理解自己的局限，懂得为什么会有这样的局限，尊重自己的局限。在现代企业，只靠自己不可能走得太远。就连美国高尔夫球明星泰格·伍兹（Tiger Woods），也不是每场巡回赛都参加。

一旦认清自己的局限性，就应该避开这些局限，绕道而行。有时，这仅仅意味着让自己信得过的助手帮你安排旅行日程和处理信息，尽管比尔·罗斯曾如是说："在今天的E世界，依靠他人变得越来越困难。随着助手的作用降低，我们不得不日益利用电子工具和通信工具来处理日常工作。”

然而，要解决问题，至今无人发明出人脑的替代品。由于你无法独立完成所有的工作，因此你不得不依靠一群人来替你分担肩头的重任。这可能是正式的团队，也可能是遇到某些任务时可求助的非正式网络。一旦找到了值得你信任的人，就不要轻易失去，他们可是无价之宝。

也许按照你目前的职位，还不能把工作委托他人。毕竟，“水往低处流”。果真如此，那你就应该让他人能够依赖你。最终，你就能向上迈一个台阶。

尽量利用你的关系网。除了依赖核心圈子，你很可能还认识许多人，你们有着共同的经历与价值观，也就是说，有着共同的文化。这些人可能是你以前工作时的朋友或熟人、大学校友或同学，或者教会的教友。无论来自何方，他们都是组成你的关系网的一分子，都有可能助你发展，有时甚至会给你带来惊喜。

相对于其他大多数组织，麦肯锡校友之间的联系要密切得多——简直就像一所小型大学的校友组织，且公司为了做到这点可谓煞费苦心。比如，纽约的一名麦肯锡助理咨询顾问，可以留言给印度加尔各答的咨询顾问，并且一天之内即可得到回信。这也许不会让你感到吃惊，但是，离开公司的麦肯锡校友同样也能得到其他校友的这种回应，就不免让人吃惊了。本书便是这种回应的实例。如果不是麦肯锡校友在百忙之中抽出时间帮助我们这两位以前大多从未谋面的作者，本书不可能付梓。

很可能，无论是你现在的雇主还是以前的老板，都不像麦肯锡那样不遗余力地发展校友组织。即便如此，你也可以建立起自己的网络。要跟校友会保持联络。不要与以前的同事、客户甚至竞争对手失去联系。你永远不会知道他们会在哪里出现，什么时候就能帮上你。

还要记住，联结关系网的线路是双向的。如果有人帮助你或你希望有人在某个时候帮助你，就得准备随时尽力帮助他们。除此之外，要努力积德行善。例如，如果有一天母校一位年轻校友打电话找你，去尽力帮他吧。说不定哪天他也能帮上你呢！

个人生活

在麦肯锡，始终要面临工作和生活的冲突。麦肯锡咨询顾问的工作时间往往较长，常常整整一周都回不了家，周末还要加班。他们并不总是有机会与爱人共进晚餐，哄孩子入睡，甚至周末也不是总能放松，翻翻报纸。

因而，要想在麦肯锡取得成功，协调工作与生活的能力就变得极为重要。这不是谁都能做到的。许多麦肯锡校友坦言，他们之所以离开麦肯锡，就是因为无法做到平衡，或者不喜欢达到那种平衡。有些时候，作为咨询顾问，二十几岁的单身汉适合的东西，到三十几岁为人夫、为人父后就不适合了。

即便如此，关于如何在高强度的工作压力下保持身心健康、婚姻稳定，我们的校友仍总结了一些经验（即使有时是事后才明白）。当然，这些经验和如何促进事业发展的经验相比，更是因人而异，有些适用，有些不适用。在这里我们介绍一下，希望对你有所帮助。

麦肯锡方法

麦肯锡人时常抱怨自己没时间享受生活。即便如此，他们还是在这方面总结出了两条经验。

出差——乐在其中。出差，在现代商业活动中必不可少。我们应努力看到出差中的机遇，而不要只看到出差的代价。如果你是到某个有意思的地方，就好好让它为你所用吧。如果你的目的地缺乏迷人的风情，那就好好计划，尽量少受些罪。轻装上阵，确保妥当安排交通。一天工作完成之际，想法子娱乐。不要让出差的日子就是工作、吃饭、睡觉。

紧张工作之外，如何拥有私生活。如果你一周工作 80 个小时甚至更多，那几乎就没时间去做别的。如果你想好好生活，就得有所改进。一周拿出一天自由时间。工作就是工作，家庭就是家庭。当你知道自己会有自由的时间，要做一下计划。当然，有时你不得不违反自己定的规矩。不过，由于你事先立下了规矩，那么你自己和你周围的人——你的老板、同事、配偶、孩子等，就会知道什么时候你最可能有时间。

经验和实例

在你高速运转，忙得不亦乐乎之际，就会感到重重的压力。为了确保这些压力不影响你的身心健康，必须正确处理好工作内外的关系。显然，一个人的平衡点，可能对另一个人来说却是无法忍受的重负；而对某些人来说，才只达到负荷的一半。不管你的平衡点在哪里，麦肯锡校友下面的经验将有助于你找到自己的平衡点并维持平衡：

- 珍惜时间
- 全面审视
- 分担责任

珍惜时间。工作就像气体，它能膨胀到占满你的所有时间。在麦肯锡同样如此。在纽约的办公室，一周的工作时间很容易毫无节制地达到 100 个小时，而且，还能找到别的事做。即使在企业氛围不够浓的地方，如欧洲，麦肯锡对员工的要求也很高。如今在 Change Works 公司就职的海纳 · 科珀曼戏言：“在麦肯锡驻德国办公室时，我们是如此喜欢一周工作 35 个小时，以至于把它加了一倍。”

麦肯锡校友离开麦肯锡，往往都希望有更好的生活方式。有时，他们吃惊地发现，在其他公司，责任重大的职务同样如此。一位麦肯锡校友总结得很好：“工作永远做不完。我每天早上 6 点走进公司，可以一直干到晚上 8 点，还没有干完。”不过，他接下来给了我们解决这一问题的办法：“我本来可以天天晚上待到 8 点，但我没这么做。我从麦肯锡学到的一条经验便是，如果天没塌下来，5 点就下班。充分利用时间。”

你必须根据自己的抱负、所在组织的性质及你在其中的位置，确定投入工作的时间。数字仅仅对你自己有意义：每周可以是 40 个小时，也可以是 90 个小时。确定周末是休息一天还是两天。

根据这个数字再做规划，安排好自己的日程。每天的开头一般都是最容易控制的：你清楚进入办公室需要花多少时间，知道如何设闹钟。每天下班之际，挑战便出现了。一定要抵制诱惑，不能再增加一个会议或再工作半小时。如果你妥协了，会议就会拖延，而半个小时就会变成一个小时。当你意识到的时候，就得在晚上 10 点离开办公室了。

你还得让他人珍惜你的时间。你工作得越好，职位越高，单位里就越有可能人人都来找你。俗语说："压力就是一种感觉，就是你心里想说'不'，嘴上却说'是，我很乐意'。"你必须学会开口说"不"，学会按照事情的轻重缓急合理安排时间。(当然，为了处理好关系，你必须得允许自己耽误一些时间。如果老板说，你得参加一个会议，而你又改变不了他的主意，也无可奈何。) 你还可以让同事明白，你的精力有限。有时，来点幽默也许会助你一臂之力。利娅 · 尼德斯塔特在 RIF 公司[1]工作时发现：

由于工作性质的缘故，我成了关于公司战略计划的大量信息的交换所。电话铃一直响个不停，不断有人敲门找我要其他人有的数据。一天，有位同事送给我一个

[1] RIF，即 Reading Is Fundamental，鼓励儿童阅读的美国非营利组织，网址 http://www.rif.org。

精致的小木牌，它装饰着蓝色的丝带，上面的字体也很漂亮："走开！"我把它挂在门上，同事们都笑了。不过，不必要打扰我的人少了！

无论你采取什么方法，都要确保让周围的人懂得，珍惜你的时间，这会让你工作更有成效，一天少受打扰。

全面审视。生活中，和工作中一样，有时需退后一步，全面审视。如果你一贯孩子还没醒来就要去上班，半夜1点（开完与东京的电话会议）爬上床的时候才见到妻子，就该扪心自问了。你工作愉快吗？与老板相处融洽吗？对公司满意吗？如果答案是否定的，那么，未来的回报是否值得现在的牺牲？

如果不值得，你现在的职位或选择的事业是否恰当？如果不恰当，该采取哪些行动来改变现状？工作时间长，出差频繁，见不到家人，甚至连家都很少回，许多麦肯锡人在经历了这样的日子后，会扪心自问上述问题。往往，得出的答案会让他们离开公司。

不过，换工作不是唯一答案，不一定有必要。有时，你可以改变周围人对你的预期，让他们现实一些，理性一些，从而改变自己的生存状态。如果你的配偶因为你工作繁重而气恼，你就需要向她证明为什么自己这样做是值得的。如果你不能令人信服地证明，那么，为什么要做这些工作？如果老板期望你是超人，你就需要把他的预期带回地球。

当我们面对工作不假思索，按部就班，且长时间疲于应对工作上的各种要求时，就很容易迷失自己，不知自己为何忙碌。退后一步，全面审视一下，什么对你最重要。毕竟，按苏格拉底的话说，“未经审视的生活是不值得过的生活。”

分担责任。在我们想知道如何平衡工作和家庭关系时，问问鲍勃·加尔达最合适不过了。他在麦肯锡待了 27 年，升迁到项目责任董事，任公司市场部主管。更重要的是，他还有家有口，无论是在麦肯锡的日子还是跳槽之后，事业上的压力都有家人共同分担。他的秘诀是：

> 我的妻子。我的人生伴侣是个非常容易满足的女人，而她也的确就像我的合伙人。我们很早就确定了如何分担生活上的责任。例如，我们发现，她特别善于和

水暖工、电工等人打交道，比我强好多，所以这种事就由她包了。有些麦肯锡人的伴侣就不同。再比如，我总是跟我妻子讨论工作，征求她对客户问题的意见和建议，她就是一名幕后的团队成员。她是我最好的参谋，也是最好的批评家。

对我不在时（曾经有过这种情况）妻子做的决定，我绝无二话。她做什么，我总是支持，两人在孩子面前表现得非常一致。

鲍勃明白，要达到这种平衡，需要双方倾力。他还表示：

我们很早就认识到两人独处的时间很重要。毕竟，在我俩的共同生活中，孩子待在身边的日子并不长。因此，每年我们都要借我出差的机会，拿出一周"共度蜜月"。家里的老人喜欢照料孩子，我们充分利用了这种优势。

随着时间的推移，我渐渐懂得，和家人相处，不仅要像以前他人建议的那样重"质量"，还要重"数量"。

孩子希望爸爸现在就回答他的问题，而不是三天后到家了再回答。如果我愿意，本来可以将全部的时间都投入到工作中，但我还需要陪伴家人。所以，我努力安排好自己的出差计划，尽量多回家，而周末时间则神圣不可侵犯。如果不得不把工作带回家，我也会在大家都上床后，在晚上 10 点到凌晨 2 点之间工作。

在鲍勃刚开始工作的时候，知道一个人待在家里，和待在办公室一样难受。有人一起分担，一切都会迥然不同。

如果你是单身、独身（无论是出于自愿还是偶然），或是法律禁止你结婚，情况又怎样呢？我们不希望只谈论婚姻的分担效果而冷落了任何人。尽管结婚是分担生活压力最普遍的途径，但绝不是唯一的途径，也不一定是最成功的途径。朋友和家庭同样可以为你分担痛苦。记住，如果依靠他们来帮助你，和对配偶一样，你同样有责任诚实可靠。

分担责任，最重要的一点，是预先说明情况。如果你预计今后 5 年每个周末都要加班，一定要告诉你的另一半，还要保证对方没有怨言。如果对方有意见，你就要准备让步。此外，一旦你做出承诺，比如说“我周末不会加班”，或“我一周做三次晚饭”，除非有生死攸关的急事，否则就要信守诺言。如果你似乎周周都有生死攸关的紧要事（且你没在医院外科工作），就要好好审视一下自己工作的轻重缓急。希亚姆·吉里德拉达斯离开麦肯锡创建了 Prism 国际咨询公司，不妨牢记他的这句话：“我热爱麦肯锡，但我属于我的家庭。”

练习

- 我们觉得，本节不该有什么练习题。生活是实实在在的，不是用来练的。好好生活吧！

结　论

本章我们比本书其他章节更加明确地表示，我们并不自称掌握所有的答案。我们希望，你至少在本章找到一些有助于发展事业、改善生活的东西。果真如此，那我们的目的也就达到了。

关于自我管理，最后要强调一点：我们相信，在当今商业社会，轻松一些会使很多人受益匪浅。这并不是说你不应认真对待自己。我们并不支持大家都像美国情景喜剧《欢乐单身派对》里的人物那样玩世不恭。我们只是想说，生活本身是，或者说应该是丰富多彩的，而不仅仅是把下一份订单签下来，把下一份报告写完。正如我们在本章前文所述，开阔视野很重要，在工作之余拥有一份丰富的生活，将会让你受益匪浅。

现在，我们终于完成了《麦肯锡意识》之旅。我们希望，走过这一路，你已经学会了如何改进决策，如何管理决策程序，如何让受众理解你的观点，从而有助于改变自己企业的现状。

如果说有一个广泛的主题连接了《麦肯锡意识》的各要素，即分析、汇报和管理，那就是真理。毕竟，解决问题的目标，是揭开并传达事实的真相，是正确决策，是带来积极的变化。但是，真理与对真理的追求，不仅仅是一种提升股东价值的工具，它还是自由市场和自由社会的特征。因为，没有真理，我们就无法掌握自己的命运，也不可能实现一个动态社会赖以存在的发展。早在古希腊哲人之前就有人说过，当真理输给谎言和迷信，自由就不能战胜专制和野蛮。

然而，真理有着更加崇高的意义。大约1800年前，在记载犹太教教义的《犹太法典》中，先哲西蒙（Simon ben Ganliel）就曾说过："世界赖以存在的东西有三种，公正、真理、和谐。"其中，真理最重要，没有真理，就不可能有公正，而建立在谎言之上的和谐，也最终将会沦为尖刻与争斗。

最后的这些讨论，已经远离了本书的主题，即解决问题的工具和管理技能。与维护公正、自由的社会相比，提高Acme装饰品公司绳毛垫分部的利润，也许显得微不足道。但也许，作为人类，我们必须尽最大努力去接近事实。无论何时何地，只要可能，都要追求真理，世界会因此更加美丽。我们希望本书能在你追求真理的过程中助你一臂之力。

· 附录 A ·

数据收集来源

查询有关公司、行业或商业主题的信息，可能会让人不爽甚至令人恼火。[㊀] 原因之一，就是没有哪个来源能涵盖所有企业、行业或主题的每一个方面。你可能得找好几处，才能找到所需信息。另一个原因，是有些信息几乎找不到，或者干脆无处可寻，尤其是财务信息和组织结构信息，以及非上市公司、大公司的子公司和分公司信息。

在规划研究时，不妨问自己一些问题：

- 该公司的正确名称叫什么

㊀ 这里再次感谢北卡罗来纳大学克南－弗拉格勒商学院信息专家戴维·恩斯特豪森。另请注意，尽管这些来源在本书撰写之际（2002 年）是准确无误的，但网址和内容可能会很快发生变化。

- 该公司是上市公司还是非上市公司
- 该公司是否为另一家企业的子公司或分公司
- 我需要哪些信息来回答自己的问题
- 哪些索引、数据库或是其他来源包含这些信息

成千上万个免费或收费的互联网址，在提供相关公司、行业或商业新闻。挑出最适合的网址需要花费一些时间，做一些尝试。没有哪个网站总能最恰当地满足每一种信息需求。此外，还要记住，有时，最好的资源根本不在互联网上，而在印刷出来的白纸黑字中。

本附录精选了部分互联网址和出版物资源，也许能有助于商界人士回答行业与公司相关的问题。你的公司图书室或信息中心可部分或全部订阅。你不妨再去当地高等院校或公共图书馆，看看有哪些资源对公众开放。

报纸杂志

报纸杂志上的文章，可以提供有关某个公司、行业、商业概念或总体经济形势的丰富信息。你可以利用

这样的文章来收集某家公司或某个行业的历史、现状甚至未来走向方面的信息。通过报纸杂志上的文章，还可以充分了解总体经济形势，包括劳动力短缺情况、信贷宽松度、各种法规及其他相关商业问题。然而，不是每一家公司、每一个行业都能得到报纸杂志的广泛报道。

找到报纸杂志上发表的文章的主要方式，是使用搜索工具。第 3 章表 3-1 罗列的一些搜索引擎尤其适用于找到这类信息。最著名的包括 ABI/inform Global 和 Dow Jones Interactive。要使用这些工具，输入词语或词组，搜索引擎就会搜出一系列相关文章，许多情况下是关于某公司、行业或其他主题的文章全文。

如果你寻找的公司规模不大，可能还是地方性公司，不妨从公司所在地区或城市的报纸着手。《美国新闻评论》（*American Journalism Review*）的 AJR NewsLink 网站的相关链接，覆盖 3300 多家美国新闻报纸和商业报纸，以及 2000 多家全球各地的报纸。这些报纸覆盖的日期各不相同，有一些最早可追溯到 20 世纪 90 年代中期。

行业研究

下文精选了一些互联网和出版物资源，也许有助于对特定行业的研究。

分析报告

- *Investext*——投资研究报告数据库，需订阅，涵盖 53 个行业 11 000 多家美国及世界各国公司的投资报告和预测全文。这些报告来自全球 520 多家经纪公司、投资银行和咨询公司。欲知订阅信息，请登录：www.tfsd.com/products/analyst/default.asp。

财务比率和绩效比率（行业平均水平）

- 《商业和行业财务比率年鉴》(*Almanac of Business and Industrial Financial Ratios*)：它包含 160 多个行业的主要财务和经营比率表，按资产规模分为 12 个组别，共有 22 种财务分类。该年鉴没有囊括所有 SIC 码（标准行业分类码），所以你可能得找到与你寻找的代码相近的 SIC 码。

《年报研究、行业标准和主要商业比率》(*Annual Statement Studies and Industry Norms and Key Business Ratios*)是另一家出版社的类似出版物。你可以在许多高等院校和公共图书馆找到它们。

- 公司纳税统计网站(www.irs.ustreas.gov/prod/tax_sta-ts/soi/corp_id.html):通过这家免费网站提供的链接，可以了解各行业向美国国内税务署申请的公司退税平均水平。这些数据摘自公司资产负债表、利润表和其他来源。许多最新数据是前几年的。

行业分类码（SIC和NAICS）

- 北美行业分类系统网(www.census. gov/epcd/www/naics. html):简称NAICS，属于美国普查局，为美国、加拿大和墨西哥提供通用行业定义。该系统是美国经济分类政策委员会、加拿大统计局和墨西哥国家统计局共同努力的结果。其目的是加强经济、金融统计数据的对比，确保这种统计跟上日新月异的经济发展步伐。它逐步取代相关国家各自的分类系统（包括美国的 SIC 码），成为统一的行业分类系统。该网站清晰地解释了新的系统，提供来自政府的信息。它的一个重要特色，是 NAICS 和 SIC 对比表。

此外，还有一个汇总 NAICS 信息的非官方 NAICS 网址，既有来自政府的信息，也有来自非政府的信息。

- 标准行业分类系统搜索网（www.osha.gov/oshstats/sicser.html）：用户可以输入关键字，利用它搜索 1987 年版本的 SIC 手册，查找 4 位数字的 SIC 码，并在已知某个 4 位数字 SIC 码的情况下找到相关描述信息。
- 《北美行业分类系统》(NAICS)：该出版物详细说明了 NAICS 码的含义。它说明什么类型的公司分配什么 NAICS 码。

行业描述、概述和统计

- Business.com 网站（www.business.com）：该网

站初看之下感觉很像雅虎，不过它只提供商业信息。它包含许多行业，有一个链接目录，可以访问某行业或子行业提供产品和服务的公司。在选定某个行业后，如果你点击“行业资源”，就会发现有“行业基本情况”和“行业面貌”两个链接。这两个链接都提供所选行业的精彩综述。

- 行业即时报告网（www.census.gov/ftp/pub/cir/www）：这是来自美国普查局的年度报告和季度报告，包含美国各行各业各种统计数据，也包括指定行业的公司名单。
- 《美国行业大全》（*Encyclopedia of American Industries*）：该书以SIC码为序，对各行业进行了简述（每种行业3~4页）。每个条目都简介了相关行业、劳动力、组织结构，和当前形势、行业领袖及部分补充读物目录（也许最后一点才是最重要的）。许多高等院校图书馆和大型公共图书馆均有该书。
- 《行业参考手册》(*Industry Reference Handbooks*)：

一套 7 册，包含很多行业的概述、说明和统计数据。7 册标题分别为：计算机和软件、制药、电信、化工、医疗卫生、餐饮酒店、娱乐。许多高等院校图书馆和大型的公共图书馆都有这套书。

- 贸易和经济分析办公室网站（www.ita.doc.gov/td/industry/otea）：正如该网站所言，商务部的这个办公室实施“国际国内贸易和投资问题的广泛计划，涉及数据开发、传播及研究分析，以支持商务部贸易发展和国际贸易管理局及美国政府各机构和官员履行促进贸易和贸易政策的职责。本办公室还负责协调贸易发展部门的各项贸易政策执行活动”。该网站提供有关对外贸易、投资和行业统计数据的各种链接。
- 《标准普尔行业调查》：这是了解当前行业情况的不错的出版物。大部分行业的定义都相当广泛。每个行业的说明大约 30 页，包括目前主要趋势、主要公司名录及部分财务信息（行业部分公司的财务报表数据、财务比率和绩效比率，以及行业平均水平)。本书还有一个有用的章节叫“如何分析本行业的某个公司”。另一项有用的内容，是提供了有关行业信息的一些其他来源。许多高等院校图书馆和大型公共图书馆都有此书。

- TableBase 网站（www.galegroup.com/welcome.html）：通过订阅该网站的服务，你可以搜索期刊上发表的文章中以图表形式出现的信息。这些信息概括了公司、行业、产品、市场和消费者行为的统计数据，包括排名、预测、市场份额和产品销量等。
- 《美国行业和贸易展望》（*U. S. Industry & Trade Outlook*）：本书概述美国各行各业的总体趋势及预测（每个行业 2～5 页）。每个行业都有一个读物列表，从而可了解该行业的更多信息。

主要竞争对手

- 胡佛在线网站（www.hoovers.com）：该网站提供的信息有些是免费的，有些需要付费订阅。它免费提供 13 500 多家上市和非上市企业的名录和财务信息。如果订阅，还能深入了解美国和全球各地大约 3400 家企业的情况。胡佛在线也有出版物。较有意思的两本分别是《胡佛新兴公司手册》和《胡佛非上市公司手册》。

排名和等级

- 《美国 3165 个城市统计数据和排名》（*American Tally Statistics & Rankings for 3165 U.S. Cities*）：它提供了美国大部分代表性城市的人口、社会和经济统计数据。不是每张图表都涵盖每个城市。许多公共图书馆和高等院校图书馆都有本参考资料。
- 《年度商业排名》（*Business Rankings Annual*）：本书介绍各行业的公司排名表，依据的是几种期刊发表的文章中的衡量指标。不一定每个行业都有一张排名表。目前这卷中的大部分数据至少是一两年前的数据。

- 《盖尔州排行报告》（*Gale State Rankings Reporter*）：你可以从中查阅美国各州在人口、社会和经济方面的对比情况。许多公共图书馆和高等院校图书馆均有本资料。
- 《市场份额报告》（*Market Share Reporter*）：它收集了不同期刊报道的所有类别产品和服务的市场份额图表。不是每张图表都涵盖每类产品或服务。目前这卷中的大部分数据至少是一两年前的数据。
- 普莱斯目录网站（gwis2.cric.gwu.edu/~gprice/listof.htm）：该网站提供大量有关价格和排名的链接。网站设计者是这样描述的："互联网上拥有大量信息目录，其中很多提供了不同人物、组织或公司等当前的排名信息。本网站旨在成为这类资源的交流场所。希望它能使你及时、高效地定位并获得这些有用的工具。"许多目录被设计成交互式或可搜索，比出版物更实用。
- 《世界市场份额报告》（*World Market Share Reporter*）：它很像市场份额报道，也收集了不同期刊报道的所有类别产品和服务的市场份额图表，不过它关注的是整个世界，而非仅仅是美国的排名和份额。不是每张图表都涵盖每类产品或服务。目前这卷中的大部分数据至少是一两年前的数据。

公司信息

也有以电子形式出现的公司近期财务信息、公司名录和历史信息，其中包括公司年度报告和公司网址。关于某个公司，能掌握的情况取决于你所使用的数据库和出版物类型，公司的规模，是上市公司还是非上市公司或者属于子公司。一般情况下，股票公开交易的大公司，相关信息更容易找到；相反，最难找到的，便是规模小的非上市公司的相关信息。对于小公司或非上市公司，查阅报纸杂志会更有收获。

公司目录

- 公司在线（www.companiesonline.com）：该网

址提供 90 多万家上市公司和非上市公司的目录（公司地址、电话号码，也许还有高管姓名）。

- 《高科技公司目录》（*CorpTech Directory of Technology Companies*）：该名录关注高科技公司。每一条目通常罗列公司通信地址、电话号码、高管姓名、成立日期、SIC 码、估计的销售额及公司经营活动简介。可在当地高等院校图书馆查阅本名录。
- 《百万富翁名录》（*Million Dollar Directory*）：非常适合查找主要公司地址、电话号码和高管姓名。许多高等院校图书馆和大型公共图书馆均藏有此名录。
- 《标准普尔公司名录》（*Standard & Poor's Register of Corporations*）：本套名录共 4 卷，可以找到某公司地址、电话和高管姓名。部分高管还有简介。许多高等院校图书馆和大型公共图书馆均可找到本套名录。
- 美国制造商托马斯名录网站（www.thomasregister.com）：利用该网站，你可以免费查询某种产品、服务或商标名称，找到制造或供应的相关公司列表。你也可以查询某家公司的名称，找到该公司提供的产品或服务目录。不过，它提供的公司目录和产品目录并不全。公司目录中，除产品外通常还有地址和电话。资料免费，但必须注册后方可使用。

公司说明、公司概况及财务等统计资料

- 《企业及其附属公司数据库》(*Corporate Affiliations Plus*)：本数据库有多种电子版本（包括 CD）。它涵盖美国及世界各地约 16 000 个主要公司及其 140 000 个子公司、分公司和附属企业，内容包括公司说明和财务数据。它覆盖在纽约和美国证券交易所上市的公司、附属企业在场外交易的公司，以及主要的非上市公司及其附属企业。该数据库提供的信息包括公司名称、公司地址、电话号码、上市的证券交易所、股票代码、SIC 码、业务介绍、公司组织结构（部分未找到相关信息）、主要人物、董事、公司净

值、总资产和总负债。与之相对应的是三份印刷品，分别是：《公司附属企业名录》（*Directory of Corporate Affiliations*）、《国际公司附属企业名录》（*International Directory of Corporate Affiliations*）以及《主要非上市公司名录》。许多高等院校图书馆或公共图书馆可能有这些资料。

- 公司信息网（www.corporateinformation.com）：输入公司股票代码或公司名，你就能在该网站搜索 2 万多家公司的报告。下拉菜单，可以从 30 个行业、65 个国家找到相关链接目录和行业简介。你还可以检索到该网站所覆盖的具体行业公司名录及该行业部分（而非全部）公司的报告。
- FIS 在线全球数据指南（www.fisonline.com）：需订阅。它提供大约 80 个国家约 2 万个公司的信息，内容包括公司历史、经营业务、公司性质、高管、董事、长期负债情况、穆迪评级、公司股本、利润表、资产负债表、股票持有情况及历史分红信息。

- Hemscott.net 网站（www.hemscott.com）：英国优秀商业新闻网站，以英国为关注重点。你可以找到财经新闻、英国公司信息及在英国证券交易所上市的股票的价格。必须注册，不过很多信息是免费的。
- 《公司历史国际目录》（*International Directory of Corporate Histories*）：该目录对各公司进行 2~10 页的历史介绍，多数列出了相关条目的其他信息来源。共 33 册，且在不断增加，许多高等院校图书馆或公共图书馆均有收藏。
- 《穆迪手册》(*Moody's Manuals*)：《穆迪手册》有几种，每一种按广义分类，即银行和金融、工业、交通、公共事业、医药业（OTC industries）。公司说明主要包括地址、高管、子公司、有关负债和股票的技术信息及数年内的简要财务报告。这些手册是前文所述 FIS 在线全球数据指南电子数据库的印刷品。由于许多学术性图书馆都有往年的穆迪手册，因此，如果你在查找几年前的信息，这些手册尤其有用。

- 股票研究网站大全（depts.Washington.edu/balib/stocksites）：包含某公司股票信息的网址往往有成百上千个，要找到具有所需信息的网址非常麻烦。华盛顿大学福斯特商学院图书馆管理员汇总了本网址大全，有助于你解决这个问题。利用这个网址，可以查找 65 个股票研究网站，从中找到你所需信息。其中尤其有用的是：已评估网站目录（the List of Sites Fvaluated）、对比评估（the Comparative Evaluation）和网站筛查（the Screen for Sites）。
- 《价值线投资调查》(增补版)(*Value Line Investment Survey*（*Expanded Edition*））：这是查找上市公司一般信息的好来源。每个条目通常包含公司历史简介、重要财务数据、部分财务比率和绩效比率、三年内的股票价格走势图、公司股票贝塔系数及对该公司所处行业的“及时”评估。本书滚动更新，每家公司大约 13 个星期更新一次。大多数高等院校图书馆和公共图书馆中均有收藏。

- 学术界数据库（www.lexis-nexis.com）：Lexis-Nexis 集团为学术市场开发了这个数据库。它提供一般新闻、地区新闻和国际新闻的链接，以及公司新闻和财经信息的链接。要查找某公司的信息，点击“商业（Business）”，再点击“公司财务（Company Financial）”，接下来是“公司比较（Compare Companies）”“证券交易委员会文件和报告（SEC Filings & Reports）”，或其他链接。大多数情况下均可见到这些信息全文。Lexis-Nexis 集团还有很多其他产品出售给公司客户。
- EDGAR 网站（www.sec.gov/edgarph.htm）：这是美国证券交易委员会网站，可以访问年度报告、委托证书及上市公司必须上报证券交易委员会的其他报告的全文。
- 报告库网站（www.reportgallery.com）：该网站提供 2200 多家公司年度报告和随附的“扎克印

象”（Zack's Snapshots）、收益评估报告、买入卖出建议以及每个公司在本行业的排名。

其他资源：信息查寻指南

许多公司图书室和高等院校图书馆都在自己的网站上对商务研究进行指导。这些网站是开展商务研究的宝贵工具。以下仅是其中几个：

- 《贝克图书馆行业信息指南》（www.library.hbs.edu/industry/aboutguides.htm）：哈佛商学院贝克图书馆的管理员整理的，非常不错，介绍如何找到大约 13 个具体行业的信息。这些指南是为哈佛学生和教职员编写的，但其中提及的许多资源均可在其他图书馆找到。
- 哈特福德伦塞勒科尔图书馆网站（www.rh.edu/library/industry/industry.htm）：同样也是指导如何找到某一行业信息的网站，罗列的行业比哈佛大学的要多，但似乎每种行业提供的信息来源要少些。

- 福尔德公司网络情报索引（www.fuld.com/i3/index.html）：福尔德公司（Fuld & Co.）是美国甚至全球最主要的竞争性情报公司之一。它的网络情报索引专门收集竞争对手的情报。按照该网址的说法，该索引“包含了 600 多个情报相关网站链接，从宏观经济数据到各项专利再到股票报价等信息，应有尽有”。

· 附录 B ·

《麦肯锡方法》中的经验

本书每一节的开头，我们都总结了《麦肯锡方法》一书中的相关经验。本附录在此注明这些经验在《麦肯锡意识》中出现的位置。希望吸取《麦肯锡方法》一书经验的读者，可以利用以下清单在本书中查找。

第 1 章　界定问题

对 MECE 原则运用自如

利用前辈经验，不要做重复劳动（第一部分）

在第一次会议上解决问题

不要被表面现象所迷惑

第 2 章　设计分析内容

找到关键驱动因素

以大局为重

不要妄想烧干大海

有时候只能直接寻找解决方案

第3章 数据收集

与事实为友

不要接受“我没有想法”这种回答

专题研究的秘诀

有备而来：写一份访谈提纲

访谈中要注意倾听和引导

访谈成功的七个秘诀

尊重被访者的感受

棘手的访谈

一定要写感谢信

利用前辈经验，不要做重复劳动（第二部分）

第4章 解释结果

二八法则

每天绘制一张图表

不要寻找事实去支撑你的提案

确保解决方案适合你的客户

第 5 章　汇报

把汇报系统化

电梯法则

简单为上：一图明一事

未雨绸缪，事先沟通

根据汇报对象量体裁衣

第 6 章　团队管理

合理选拔团队成员

麦肯锡式招聘

让信息流动起来

掌握火候，保持团队士气

一点联络感情的活动，会大有裨益

第 7 章　客户管理

如何做到功夫在诗外

谨慎承诺：严格规划项目

让客户参与工作

时时回顾

获得整个公司的支持

如何与客户团队中的“讨债鬼”打交道

先摘好摘的果实

赢得整个企业的认可

第 8 章 自我管理

找到自己的导师

一次做一件事

让老板脸上有光

积极进取，努力发展

好助手是你的生命线

出差——乐在其中

紧张工作之外，如何拥有私生活

· 附录 C ·

实施经验

《麦肯锡意识》的重点，是如何在其他组织中使用麦肯锡的工具和技能。我们列举了以下本书新提出的实施经验及其在正文中的位置，便于你查询，希望有助于解决你自己公司的具体问题。

第 1 章　界定问题

结构

- 没有结构，观点就站不住脚
- 利用结构来强化思维

假设

- 初始假设能为你节省时间
- 初始假设能使你更有效地进行决策

第 2 章　设计分析内容

让假设决定分析

理顺分析的优先顺序

不要追求绝对的准确

确定困难问题的范围

第 3 章　数据收集

研究策略和工具

对所在组织的数据偏好做出判断

证明事实的威力

构建适当的基础结构

访谈

访谈要系统

注意倾听

要敏感

知识管理

培养快速反应的企业文化

获取外部知识

控制输入的质量：输出质量取决于输入质量

招聘程序系统化

内部沟通

记住，你有一张嘴，但有两只耳朵

重要的不在于你说了什么，而在于你是怎么说的

沟通过度胜过沟通不足

联络感情

抽时间共处（但不要太多）

丰厚回报

个人发展

制定远大目标

定期评估，保持平衡

第 7 章　客户管理

赢得客户

确定客户

利导，而不强求

维护客户

创造参与机会

巩固客户

为人才蓄能，
全面助力企业能力提升

麦肯锡（McKinsey & Company）在近一个世纪的咨询服务中，始终与世界卓越的企业共同成长，不断创新，应对变化。作为服务于企业的数字化学习平台，麦肯锡商学院旨在通过数字化闭环学习生态，批量地帮助中国企业的管理者，不单单是高层和中层，甚至是基层的管理骨干，最大程度释放人才潜力，加速企业转型与变革。

- 从百年实战中萃取并反复验证的**麦肯锡方法论**，让你的团队像麦肯锡顾问一样**思考**和**行动**
- 从战略到执行，从系统的问题解决方法到行业专业洞见，提供**全面立体的能力升级**
- 通过海量**互动练习**、游戏化**模拟演练**、大量**一手商业案例**及**麦肯锡顾问**的**现身说法**，让学习和职业发展紧密挂钩，让方法落地生根
- 也可通过线上线下相结合的方式，与**麦肯锡顾问面对面探讨**企业实际问题，提高学习效果

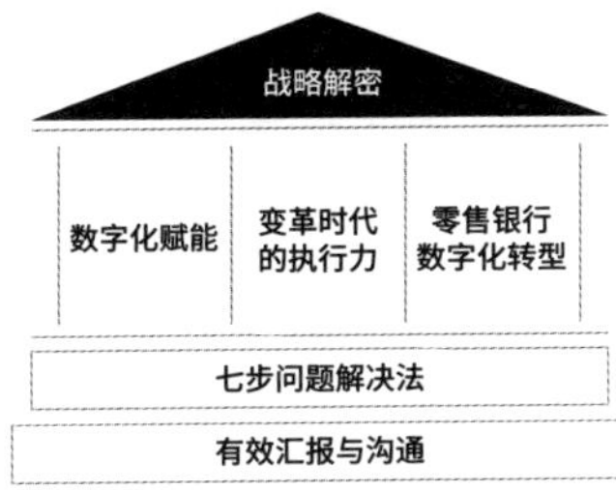

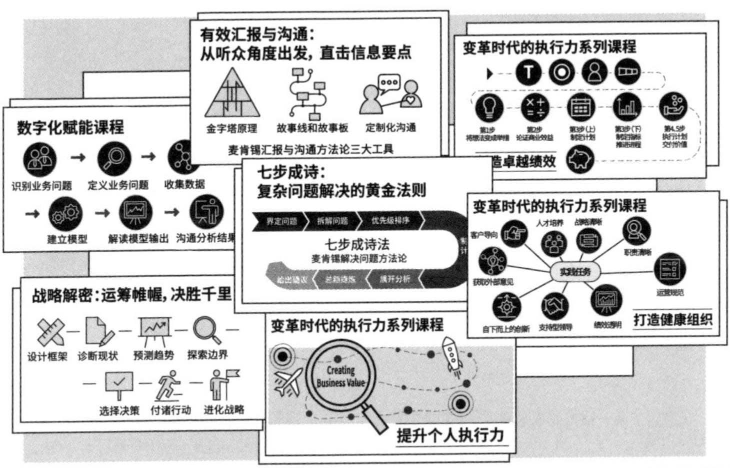

McKinsey & Company
麦肯锡商学院

麦肯锡商学院目前仅服务企业客户，
企业垂询请联系：
China_Academy@mckinsey.com

向以色列学创新

以色列谷：科技之盾炼就创新的国度

作者：（以）顾克文 等 ISBN：978-7-111-48989-4 定价：40.00元

“以色列谷”是以色列创新内涵的浓缩。关注“以色列谷”在经济领域和科技领域的突出成就，关心以色列谷繁荣的原因，无疑对中国未来的发展道路提供启发与思索。

创新的天梯

作者：（以色列）亚里·拉登伯格 等 ISBN：978-7-111-46696-3 定价：45.00元

人类宝贵的品质——创造力已钝化。为什么？政治家、老师、家长让你无条件地服从命令，不做独立思考。而我希望说服你，通过阅读本书，开启创造性思维，因为你是自由的个体。

我们希望本书能解开封锁你自有创造力的关键，释放被关你大脑黑洞里的那些要你勤奋、高效、服从……的常规和自律框框。并带给你自由思考、创造的能力。

犹太创业家：揭秘犹太创业者的8大成功因素

作者：（荷）斯维·万宁 ISBN：978-7-111-46389-4 定价：45.00元

为何占世界人口总数0.2%的犹太人，能够操控全球1/3的财富？犹太裔学者斯维•万宁10年研究，揭秘全球最成功的犹太创业家的8大成功因素。

创新的基石：从以色列理工学院到创新之国

作者：（以）阿姆农·弗伦克尔 等 ISBN：978-7-111-55989-4 定价：35.00元

以色列“创新之源”、人才资本的最大输出地，由爱因斯坦提议创建，诞生3位诺奖得主的传奇学校——以色列理工学院，是创业的国度以色列能够迅速成功的基石。

关键时刻掌握关键技能

《纽约时报》畅销书，全美销量突破400万册

《财富》500强企业中的300多家都在用的方法

推荐人

史蒂芬·柯维 《高效能人士的七个习惯》作者
汤姆·彼得斯 管理学家
菲利普·津巴多 斯坦福大学心理学教授
穆罕默德·尤努斯 诺贝尔和平奖获得者
麦克·雷登堡 贝尔直升机公司首席执行官
樊登 樊登读书会创始人
吴维库 清华大学领导力教授
采铜 《精进：如何成为一个很厉害的人》作者
肯·布兰佳 《一分钟经理人》作者
夏洛特·罗伯茨 《第五项修炼》合著者

关键对话：如何高效能沟通（原书第2版）（珍藏版）

作者：科里·帕特森 等 书号：978-7-111-56494-2

应对观点冲突、情绪激烈的高风险对话，得体而有尊严地表达自己，达成目标

关键冲突：如何化人际关系危机为合作共赢（原书第2版）

作者：科里·帕特森 等 书号：978-7-111-56619-9

化解冲突危机，不仅使对方为自己的行为负责，还能强化彼此的关系，成为可信赖的人

影响力大师：如何调动团队力量（原书第2版）

作者：约瑟夫·格雷尼 等 书号：978-7-111-59745-2

轻松影响他人的行为，从单打独斗到齐心协力，实现工作和生活的巨大改变

专业服务系列丛书

值得信赖的顾问：成为客户心中无可替代的人

作者：[美]大卫•梅斯特（David H. Maister）、查理•格林（Charles H.Green）、罗伯特•加弗德（Robert M.Galford）

ISBN：978-7-111-59413-0 定价：69.00元

直达客户关系的灵魂，帮助你获得客户的深度信任。

（17年始终位于亚马逊顾问品类前3名）

专业团队的管理：如何管理高学历的知识型员工

作者：[美]帕特里克•麦克纳（Patrick J. McKenna）、大卫•梅斯特（David H. Maister）

ISBN：978-7-111-59300-3 定价：69.00元

专业团队的管理者既是场内的选手，需要完成自己的任务；

又是场边的教练，必须担负整个团队的绩效。

（2002年最佳商业书籍奖）

专业服务公司的管理（经典重译版）

作者：[美]大卫•梅斯特（David H. Maister)）ISBN：978-7-111-59252-5 定价：79.00元

顶级会计师事务所、律师事务所、咨询公司、投资银行、

广告公司、猎头公司……都在遵循的管理法则

（专业服务大师梅斯特享誉全球的奠基之作）